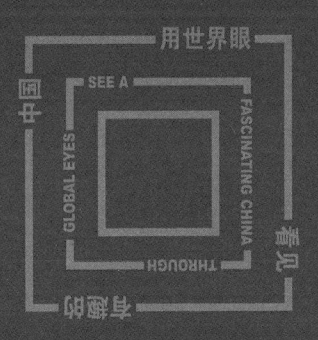

用世界眼
SEE A
FASCINATING CHINA
GLOBAL EYES
THROUGH
看见
有趣的
中国

何渊 朱新梅 赵宁 主编

这里是中国
THIS IS CHINA
II

中国广播影视出版社
人民出版社

这里是中国 This is China

《这里是中国Ⅱ》编委会

主　　编：何　渊　朱新梅　赵　宁

副主编：高　星　刘　岩　金　钟

编　　委：曲　宁　刘为明　徐艳灵
　　　　　李哲雅　蒋　习　祁　音
　　　　　王毓韵　徐　朋　郑丽娥
　　　　　李　冰　郑　晨　武汉飞
　　　　　梁书洋　徐　莹　杨　阳

撰　　稿：冯晓洁　苏　琳

联合出品：北京中视雅韵文化传播中心

图片支持：视觉中国

序

2019年，为献礼中俄建交70周年，向俄罗斯介绍中华优秀传统文化和中国社会当代发展现状，增进俄罗斯观众对中华文明的了解，中方与俄方联合制作了系列纪录片《这里是中国》。该纪录片聚焦中国当代社会发展，从自然、地理、文化、科技等方面向俄罗斯人民介绍中国最新发展成就及深厚传统文化，着重讲述了中国在"一带一路"建设过程中推动科学技术创新的动人故事，同时穿插了自然环保、工艺制作、南北小吃、瓷器技艺、皮影戏剧等中国传统文化在当代传承的小故事。

纪录片《这里是中国》在俄罗斯播出后，受到俄罗斯观众的欢迎和喜爱，成为"中俄媒体交流年"的标志性成果，充分展现了两国在媒体和人文领域交流合作的成就。今年，为进一步深化中俄媒体合作和延伸节目影响力，纪录片《这里是中国》出版同名图书，纳入了《中华之奇》的部分内容，以影音和静态图文方式，对原有影片内容进行扩充与丰富，同时增加了小贴士和专家解读等趣味性和启发性的内容，带领读者深入思考；透过一篇篇

小故事和一个个平凡的中国人的工作与生活，展现出悠久璀璨的中华文明与真实、立体、全面的中国。本书内容充实，语言生动，图文并茂，是一本融合精彩内容、真诚情感和巧思匠心的精品图书。在此，祝愿每位读者从本书中品读中国悠久的历史文明、璀璨的传统文化、崭新的科技成就，体会中国人民真诚、善良的品质，以及追求美好生活、与世界人民共同进步的情怀，充分体验跨文化交流碰撞的乐趣。

世界正面临百年未有之大变局。中俄作为世界大国和联合国安理会常任理事国，对世界的和平、稳定与发展负有特殊责任与使命。近年来，在习近平主席与普京总统的战略引领下，中俄全面战略协作伙伴关系始终在高水平运行并进入新时代，双方各领域合作取得丰硕成果。面对汹涌而来的新冠肺炎疫情，中俄两国人民携手抗疫，守望相助，成为人类抗击新冠病毒和"政治病毒"的中坚力量。不断发展肩并肩、背靠背的全面战略协作，对中俄两国各自的发展振兴，对维护世界的和平与稳定都具有不可替代的重要意义。国之交在于民相亲，民相亲在于心相通。相信本书的问世，将有助于俄罗斯民众进一步了解中国的历史文化、山川地理和发展成果，激励两国更多友好人士加入促进中俄关系、深化两国人民传统友谊的伟大事业中来，为筑牢新时代中俄全面战略协作伙伴关系的社会基础和民意基础作出不懈努力。

中国驻俄罗斯大使 张汉晖
2020 年 7 月 30 日 于莫斯科

1. 中国"速度"

- 2 **洋山港**
- 22 洋山港拍摄手记　曲宁
- 30 **高速铁路**
- 44 永远在路上
  ——火车在影视节目中的独特魅力　大春

2. 中国"宝藏"

- 54 **跟踪东北虎**
- 72 那片大森林里有老虎　蒋习
- 80 追寻东北虎　梁书洋
- 88 **探秘张家界**
- 104 梦想团队——拍摄张家界的故事　李哲雅
- 112 **入雅鲁藏布**
- 130 自然动物类纪录片的拍摄与创作　蒲成

目 录
CONTENTS

3. 中国"味道"

140　**南北小吃**

156　**粤动食心：时代造就与匠人功夫**　相生

164　**国之礼器**

180　**我为祖国做国礼**
　　　——记我们一同走过的国礼创作之路　冯超

188　**青花之恋**

204　荷兰有座"景德镇"　安筱雅

212　**影戏传奇**

228　皮影，时光里的船　王浩斐

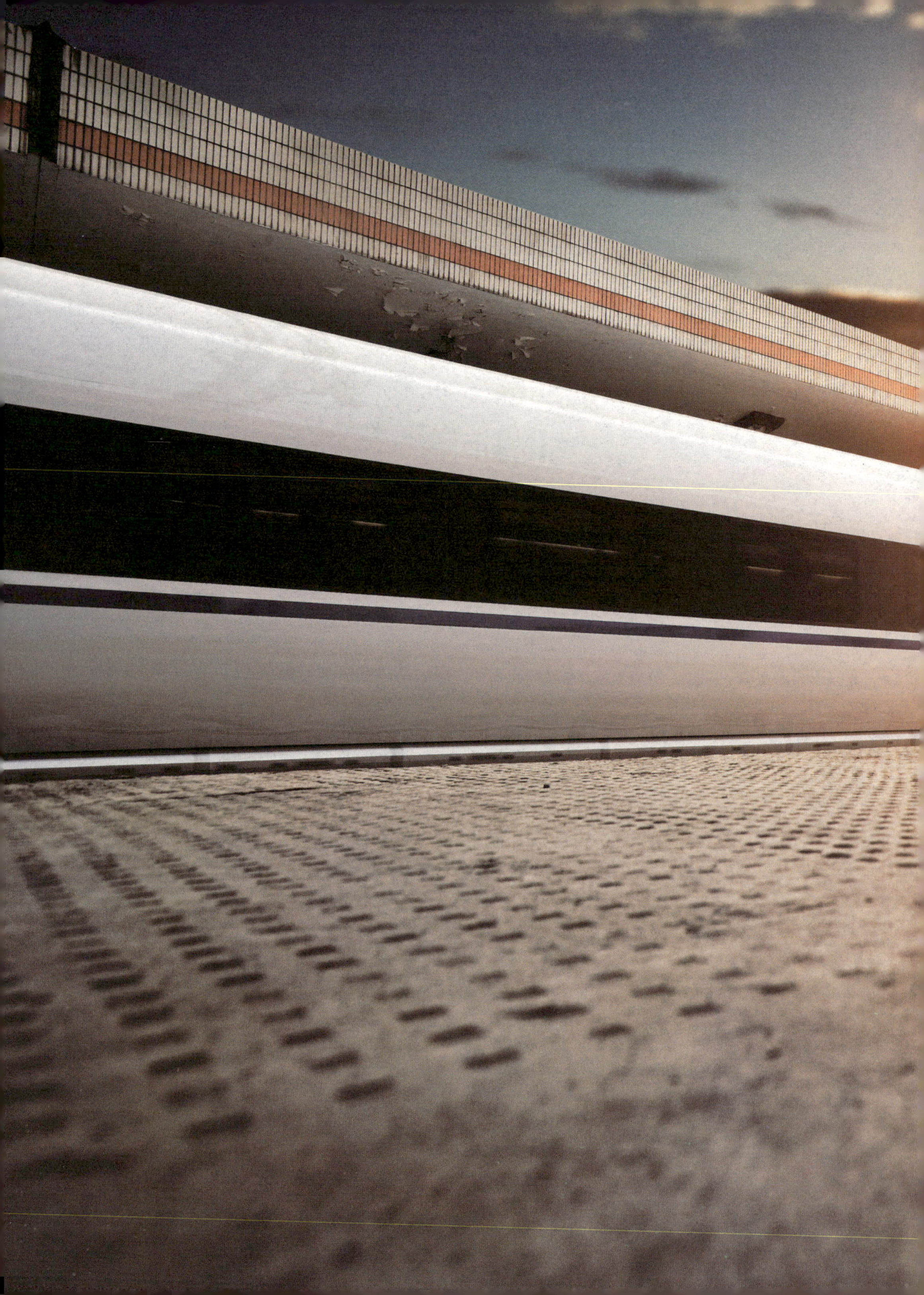

中国"速度"

1

洋山港

"我能亲身感受到,十五年间,洋山港是如何从一个默默无闻的小港口变成世界第一大港的。"

极速 24 小时

"喂，是引航站吗？'丹麦'号货轮进港时间有延迟，不知道能否准点靠泊。装卸时间很紧张，我要保证它能准点离泊。"薛彦望着海平面上缓缓驶入的巨轮，语调急促地打着电话。

这艘名为"丹麦"号的大型货轮来自欧洲。此刻，它载着 1500 个集装箱，正慢慢停靠在洋山港码头。按照计划，24 小时后，这艘货轮应该准时抵达香港，因此洋山港这一站的每一分、每一秒都十分宝贵，不能有差池。

"丹麦"号刚一驶进船坞，倒计时便开始了。

薛彦和他的同事们只有 20 个小时来重新装载这艘巨轮。船上的集装箱内既有烟火类等危险品，也有易碎的香水和玻璃制品，这要求薛彦和他的同事们动作不仅要快，还要精准、精细。

薛彦是上港集团盛东公司集装箱码头运营操作部经理助理，他的团队共有几十人。每天，他们办公室内的工作气氛紧张又活跃，丝毫不亚于一间繁忙的证券交易所。在洋山港，这种场景早已司空见惯：每 12 小时班次内，港口便需安排十余艘可载两三千个集装箱货物的船舶，并在港口快速、高效地完成装卸工作。薛彦和伙伴们仿佛身处电影《时间规划局》，每天的工作都是确定和计算各种时间：船舶靠泊时间、装卸作业时间、船舶离泊时间。正常情况下，薛彦团队会根据货轮的箱量定时在 12 小时或 24 小时以内，这样可以计算出每个时段能容纳多少船舶和货物。洋山港 24 小时不"打烊"，是名副其实的全天"营业"。薛彦和同事们

分为早班与夜班，轮流倒班休息。

"丹麦"号上的众多集装箱想要安全装卸，离不开起重机。

16台50米高的起重机是洋山港的"镇港之宝"。这些"大块头"与科幻怪兽"哥斯拉"一样高，它们笨拙却又精准地从货轮上吊起一个个庞大而价值连城的集装箱。操控港口起重机就像遥控抓娃娃机的"爪子"，需要起重机师傅通过目测将起重机的吊臂定位在集装箱上方，然后用自动夹具准确锁定。不过这场"码头抓娃娃游戏"的"奖品"重达几吨，一旦失败，损失难以计量。"大块头"们把集装箱从货轮上吊起，将箱子放到运输车上，接下来再由货车司机把货物们送到堆场。在那里，集装箱将被安全地交接、存储和保管。

港口运输的货物价值一般都以几百万美元计算，哪怕一秒的延迟都会导致高额的资金损失，港口声誉也会受到极大影响。而洋山港把声誉看得比什么都重要，因为，在它的身后挤满了虎视眈眈的竞争对手——鹿特丹港以及中国香港和新加坡的港口。这些竞争对手实力雄厚。上海洋山港必须把自己打造成更快捷、更现代和更可信赖的港口，才能在同行中保持足够的竞争优势。

"丹麦"号成功完成了装卸，随着一声长鸣，准时离开了洋山港。

在这艘巨轮驶离洋山海岸的同时，它运来的众多集装箱正沿着一条海上"长虹"发往内陆，这条美丽的彩虹名为东海大桥。它将洋山港与上海市区连接，让众多曾经荒无人烟的小岛成为洋山港的核心区，极大地提升了集装箱吞吐量。

无缝衔接的物流体系，赋予了洋山港难以匹敌的竞争优势：它西北距上海市南汇芦潮港约 32 公里，南距宁波北仑港约 90 公里，距国际航线仅 45 海里，是距上海最近的深水良港。凭借这一优势，洋山港已经成为上海国际航运中心的新坐标。

东海大桥："桥中教父"

东海大桥曾被上海市政府列为"一号工程"，可以说是中国跨海大桥工程里的"教父"了。

与陆地桥梁不同，跨海大桥的核心技术是抵抗波流冲击的技术。上海外海海底是松软的淤泥，在海浪的作用下很容易发生松动甚至倾覆。在施工过程中，大桥建设者采用了"定海神针"技术，将预制钢管桩打入海底，再将桥墩承台架设其上。此外，东海大桥结构高达 100.7 米，如何在海上风浪的影响下施工也是个巨大的难题。对此，工程师们采用了爬模法，也就是一节混凝土施工完毕后，再顺着浇筑新一节，大桥就这样一节一节地长高。

现在人们耳熟能详的杭州湾跨海大桥、港珠澳大桥等世界名桥，都借鉴了大量东海大桥的建设技术。从这个意义上看，东海大桥可以说是中国跨海桥梁乃至大型工程的"教父"。

从"0"到"1"

港口的繁荣，离不开海路货运的推动。高速转运和送达货物的背后，是旺盛的市场需求。近 50 年来，集装箱运输在世界海洋货运领域独占鳌头。与不装箱的货物相比，集装箱更容易装卸并分运到各个仓库，最昂贵的货物都会通过集装箱码头分送到各地。因此，集装箱码头的利润，超过了其他所有类别的海运码头的总和。船舶装载的集装箱越多，船只的主人就越挣钱。每一个越洋集装箱，都能带给大型船舶主人近千美元的利润。货船因此被建造得越来越长、越来越宽，这就对港口的深度、宽度以及综

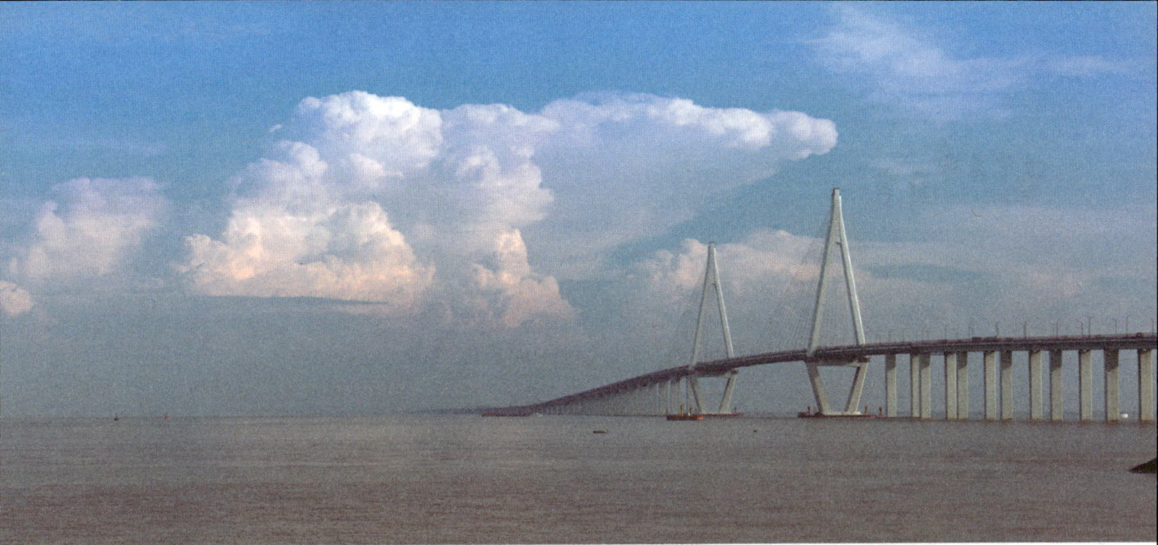
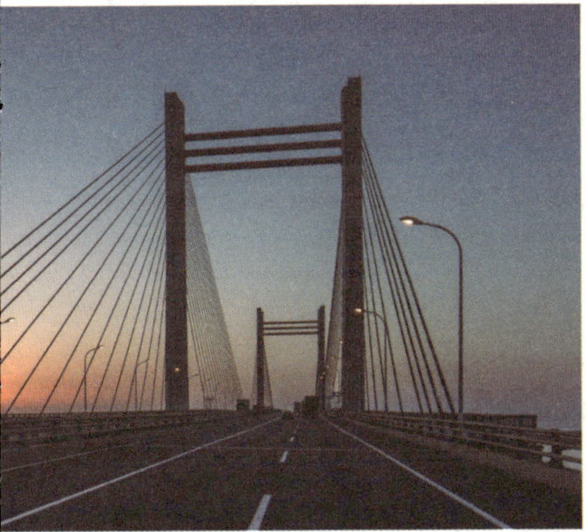
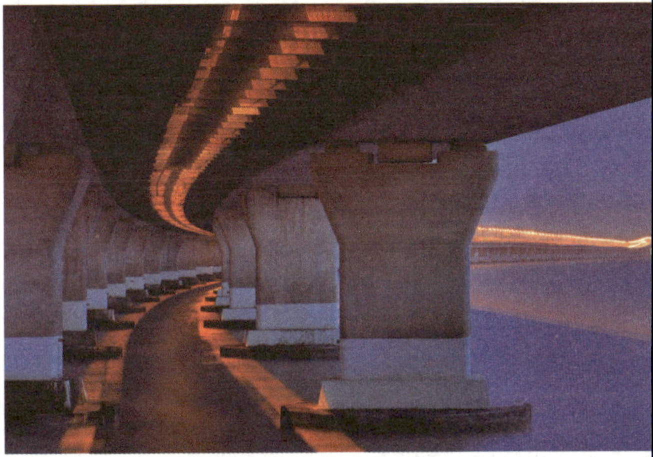
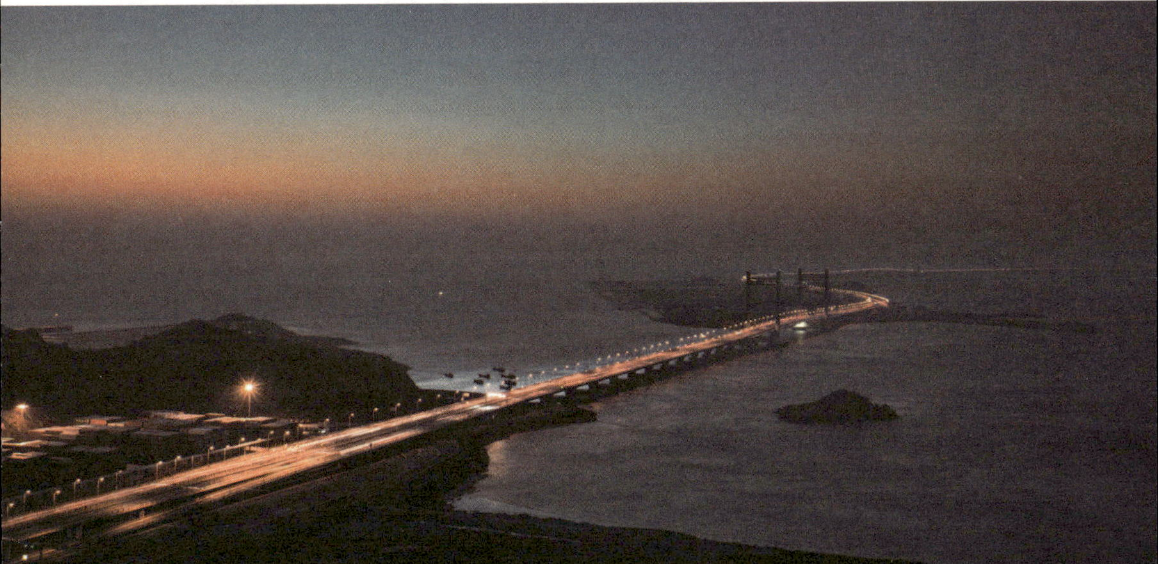

合实力都提出了更高的要求。同时，伴随着经济全球化，世界航运市场也在迅速全球化，市场竞争日趋激烈，竞争的焦点也越来越明显，就是在全球市场上争夺航运中心地位，抢占航运制高点。在中国这样一个市场巨大、腹地辽阔的国家，特别是在长江三角洲地区，如果没有一个国际航运中心，中国就会在国际分工与竞争中处于非常被动的地位。上海作为中国最大的港口城市，在扩大中国航运市场、提升港口吞吐能力等方面具有独特优势，也责无旁贷。

"我能亲身感受到，15年间，上海洋山港是如何从一个默默无闻的小港口，成为世界上第一大港的。"薛彦回忆道。

20世纪90年代，上海港口贸易量开始迅速发展。当时，港口主要集中在长江口南岸及黄浦江沿线，没有深水泊位，无法满足大型重载船舶的装卸需求。为了满足货船对港口的要求，从2002年起，中国开始规划一项世界上最大的港口建筑工程。这项工程最初抛出的问题是，港口应该在哪里选址呢？

位于杭州湾的舟山群岛跃入了设计者的眼帘。舟山群岛由将近1500个岛屿组成，其中的大洋山和小洋山两座岛屿拥有最佳的地理位置——距离陆地海岸线27.5公里，17米的水深可以接纳任何型号的越洋船只。建设者们打算建造一座长

舟山群岛：十二生肖之岛

如果把舟山屿地名分类整理一下，就会发现一个有趣的现象：十二生肖全跑到舟山当岛主了——老鼠山、牛头山、兔耳岛、龙骨礁……十二生肖命名的秘密，是当地先民的海洋文化。十二生肖中的各种动物是与岛民生产、生活最密切相关的动物，也是岛民头脑中最容易引起联想的动物。明朝洪武年间实施海禁，一些人迫不得已逃到海岛从事高风险的渔猎生活。由于海上风大浪高，在木帆船时代，海上航行是极其危险的行为。在岛民心中，十二生肖动物大都有吉祥或警示的寓意，因此他们将各个小岛以十二生肖命名。舟山群岛这些独特的名字，正是当地海洋文化原生性、民俗性、包容性和多样性的一种集中体现。

20公里、拥有50个泊位的码头，并且铺设一座连接岛屿与大陆的巨型桥梁。闻名世界的上海洋山港便这样诞生了。洋山港港区规划总面积超过25平方公里，包括东、西、南、北四个港区，按一次规划、分期实施的原则，自2002年至2020年分四期建设。

洋山港的主要竞争优势在于它的基础设施和配套服务。以"丹麦"号为例，当它还在外海的时候，洋山港的引航员就已经登上这艘大型货轮了，他的任务是给船长指明驶进船坞的安全路线。每一座港口都有不为外人所知的"秘密"，即使是最有经验的船长也不可能都了解，引航员是保障船只安全入港必不可少的"引路人"。船长对洋山港评价很高："这个港口的装卸条件非常现代化，码头上的拖车也很多，装卸效率在远东地区都是数一数二的。"

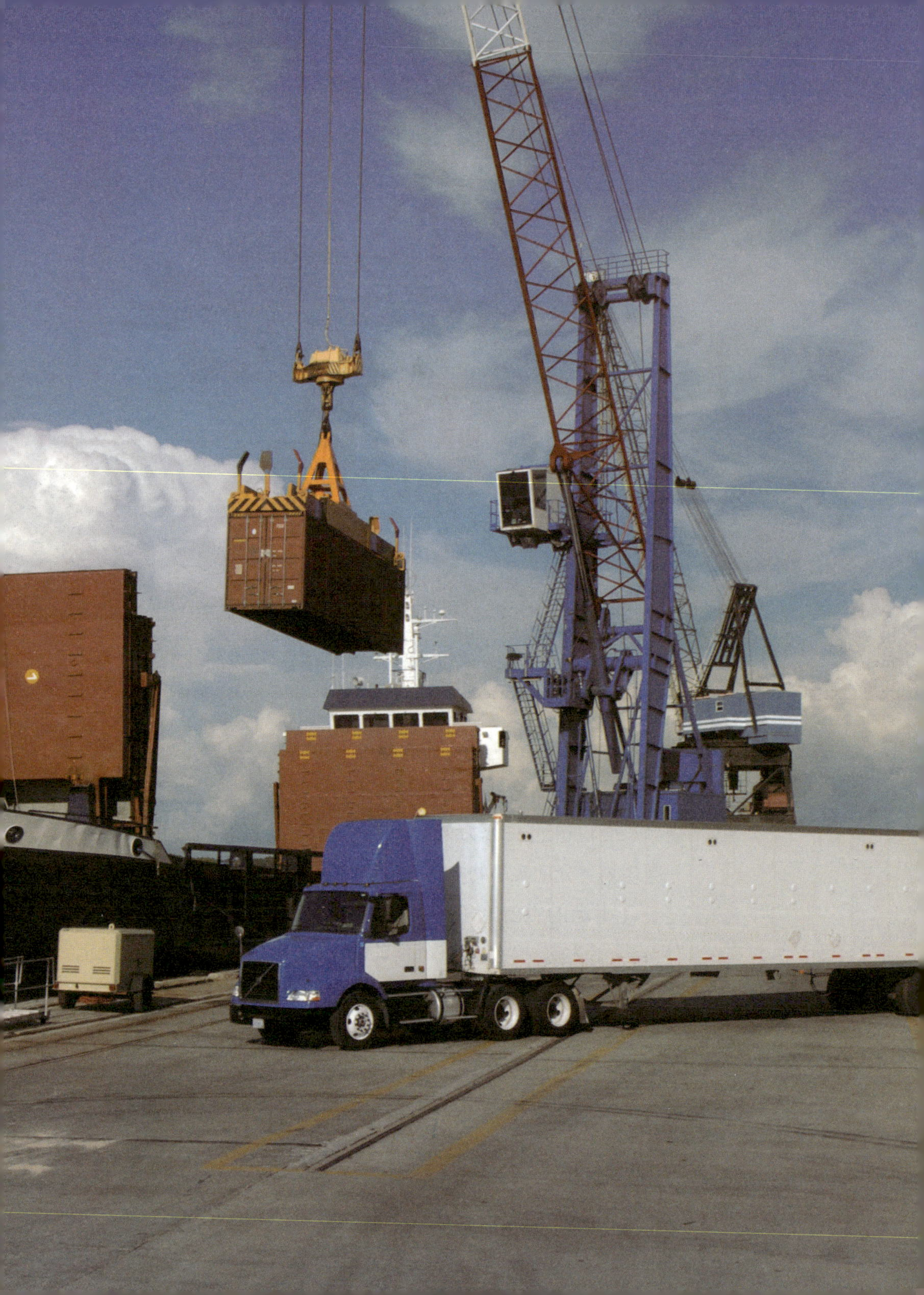

洋山港是目前中国沿海航线分布最多的港口之一，它的航线到达美洲、欧洲、澳洲。凡是重要的航线上海都已布局。受益于科学的规划和多年的发展，洋山港国际班轮航线已遍及全球各主要航区，与全球500多个港口建立了贸易往来。与各大港口的高度连通，也提升了洋山港抗风险的能力。2008年，金融危机对世界各大港口产生巨大负面影响，但洋山港仍然保持良好的发展势头，并获得了盈利。2016年，上海洋山港完成货物吞吐量7.02亿吨，完成集装箱吞吐量3713万标准箱，自2010年以来连续7年保持世界第一。

2017年，洋山港四期自动化码头开港并投入运营。在这座码头的仓库和货车上，机器人完全替代了人类。在这座安装有16座桥式自动起重机、40台轨道式集装箱装卸机以及50部无人驾驶交通工具的高科技港口，装卸和运送工作都由自动化机械完成，

调度员只需要在中心控制室中监控整个流程，这极大地解放了人力。"我们这个码头是世界上最大的自动化码头，节约了 70% 的人力。"上港集团尚东公司洋山港四期自动化码头值班主管韩保爽说道。他负责整个中心控制室和现场装卸作业的生产组织，确保船舶装卸作业高效、安全、有序地进行。

洋山港四期自动化码头的首期吞吐量设计为每年 400 万标准箱。到后期自动化码头完全投入使用后，将有 26 座桥式起重机、120 座轨道起重机以及 130 部自动驾驶交通工具投入工作，吞吐量预计将达到每年 630 万标准箱。自动化生产不仅大大提高了洋山港的运转效率，还降低了 10% 的二氧化碳排放量。

港口事业是一个国家经济发展的重要方面。2019 年 8 月 6 日，中国国务院印发的《中国（上海）自由贸易试验区临港新片区总体方案》明确提出，拓展洋山港全球枢纽港功能，在沿海捎带、国际船舶登记、国际航权开放等方面加强探索，提高对国际航线、货物资源的集聚和配置能力。洋山港，未来可期。

海上丝绸之路的前世今生

当洋山港的装卸工人们完成一天的工作，走出调度室时，他们无暇欣赏装卸离泊的货轮正抚皱海面，而是养精蓄锐为明天做着准备。他们可能难以想象，早在 1000 多年前，中国港口的劳动者们就已经在熟练地装卸各种货品，甚至包括易碎的陶瓷。

距今 6000 年左右，有一批先民，从广阔葱郁的山林平原走来，踏上了海岸。他们见惯了遵循时令默默生长的安详大陆，却

13

惊叹于海洋的多变无常。潮起潮落的蓝色汪洋的另一端是什么?他们抬头仰望天空,托一艘艘驶出的船寄出疑惑:心之所向,在何方?

  带着这样的好奇,他们开始了探索,携着自制的独木舟,划向了近海。从开始对海洋的生疏、惧怕、敬畏,到逐渐熟悉与利用,再到2000多年后的欣然共生……他们逐渐发现:海的那端,是另一群与他们同样充满好奇的人。当时,东江北岸近百公里的惠阳平原,已经形成以陶瓷为纽带的贸易交往圈,并通过水路将其影响扩大到沿海和海外岛屿。

到汉代，中国航海技术不断发展，小小的一条独木舟，早已变成带有风帆的大批船队，商人们携着奇珍异宝渡向彼岸。《汉书·地理志》记载，汉武帝灭南越国后，一条海路逐渐兴起，这是已知最为古老的海上航线。当时，罗马帝国已第一次由海路到达广州，与中国开展贸易；中国带有官方性质的商人也到达了罗马。这标志着横贯亚、非、欧三大洲的、真正意义的海上丝绸之路的形成。

千里之行，始于足下。中国古代的"海上丝绸之路"，是古代人民一步步开拓的海上贸易之路。海上通道在隋唐时运送的主要大宗货物是丝绸，到了宋元时期，瓷器和香料渐渐成为主要出口货物，因此这条通道又被称作"海上陶瓷之路"或"海上香料之路"。

南宋时期指南针的发明，为中国航船征服新的海域提供了强大的技术支持。当时，中国开展的大规模海上探险震惊了世界。1987年，广东省西南的海陵岛附近发现的"南海Ⅰ号"，就是这场探索之旅的见证者。为了打捞这艘沉船，人们花了20年的时间。考古人员从中挖掘出了约6万件文物，大部分是陶器和瓷器，其中的247件被列入中国文化遗产名录。尚未挖掘的沉船

南海Ⅰ号：海上丝绸之路的见证

"南海Ⅰ号"的发现纯属巧合。1987年，中国广州救捞队在广东阳江海域的沉船中，挖出了一条鎏金腰带。考古证实，该船是一条中国古沉船，其历史价值不可估量。1989年，中日两国合作，头一次对此船进行了水下考古调查，这也是中国水下考古的起点。此船被中国水下考古事业创始人俞伟超先生命名为"南海Ⅰ号"。

唐代安史之乱后，由于航海技术的发展，海上丝绸之路快速发展。当时的货船是木船，重量比较轻，在海上遭遇风浪时容易翻船，阿拉伯商人将石头和水放在舱底，使它保持稳定。到了中国，他们发现瓷器价廉物美，既可以运回贩卖又可以用来压舱底，于是将大量的瓷器码在舱底。这也是为什么我们现在发现的沉船动辄拥有数万件瓷器的原因。

后部，预计将会发掘出 4 万件左右文物。这些珍品，都在无声地诉说着昔日海上丝绸之路的繁荣和其巨大的经济价值。

伴随着那一支支船队驶过历史的，除了大宗的珍稀货品，还有中国人民始终保留的匠心与丝路精神。一方面，海上丝绸之路互通有无，将商品从中国运到海外，也从海外运到中国；另一方面，丝绸之路上的贸易往来，也使不同国家的文化与文明得以进行交流融通与对话。中国在这条路上传播的中国思想，对"海上

丝路"沿线国家和地区均产生了不同程度的影响。如，许多国家将茶道融合到本国的宗教文化、日常生活之中。

　　海上丝绸之路是和平之路，是合作之路。当陆地上战火弥漫、改朝换代的时候，海面上却洋溢着贸易合作与知识交流的气氛。许多人类伟大的发明和珍贵的书籍，正是通过海路在欧洲与中国之间传播的。海上丝绸之路是东西方合作的重要象征，也构成了沿线各国共同的文化和历史遗产。今天，中国正试图赋予它新的生命力。2013年10月，中国国家主席习近平在访问东南亚国家时，向东盟成员国提出了共建"21世纪海上丝绸之路"的倡议，获得了广泛的支持。

　　"21世纪海上丝绸之路"秉承共商、共享、共建原则，坚持

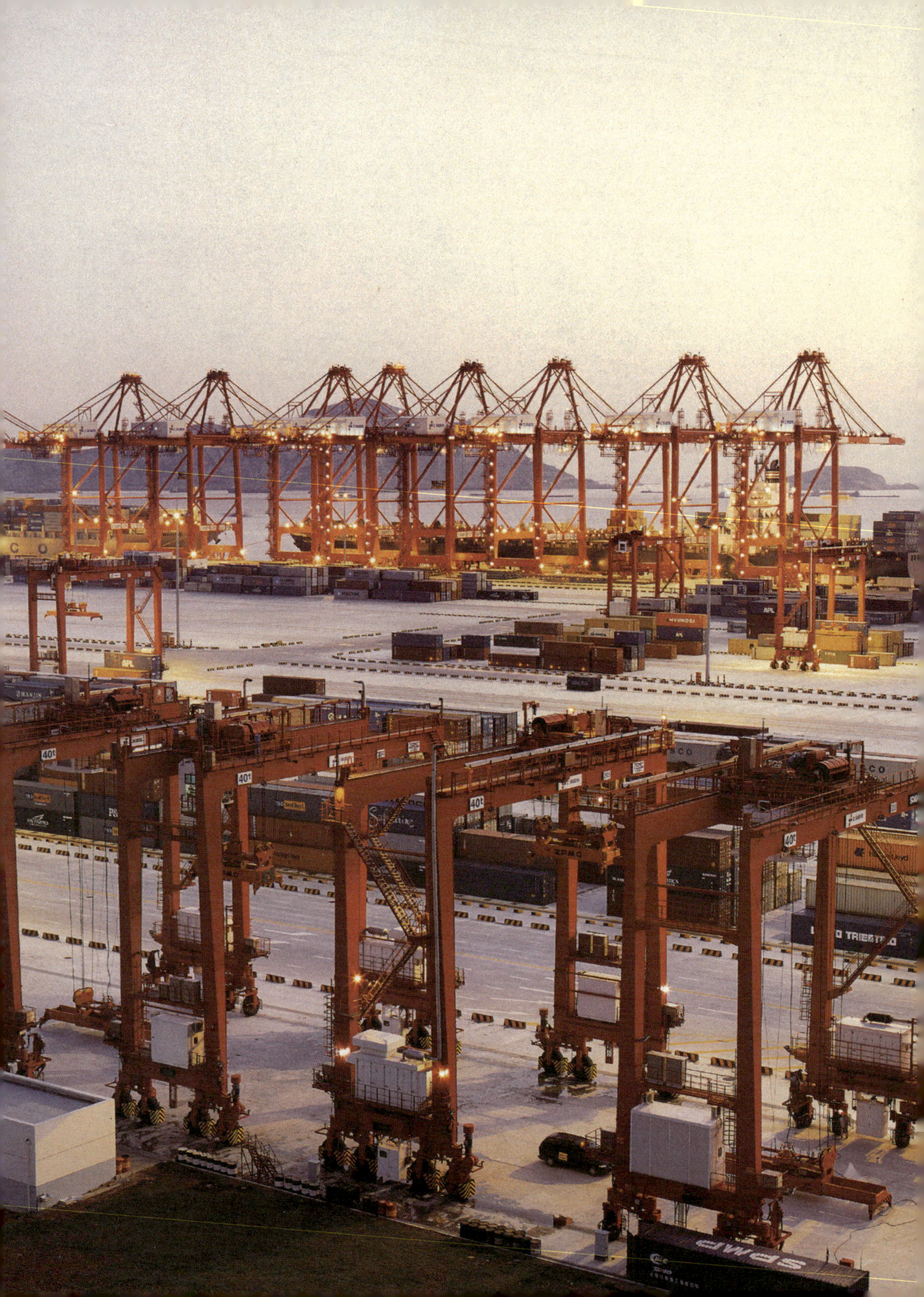

开放合作、和谐包容、市场运作、互利共赢的原则，沿线各国以海洋经济为突破口，建立海上互联互通网络，同时增进沟通了解，开展经济、贸易、能源、金融、服务、基础设施等多领域合作，共同促进地区繁荣。

2017年，中国举办了首届"一带一路"国际合作高峰论坛，首次就推进"一带一路"建设海上合作提出中国方案，同各国一道勾画创新发展、协调发展、绿色发展、开放发展、共享发展的新愿景。2019年4月27日，中国举办了第二届"一带一路"国际合作高峰论坛。37个国家的元首、政府首脑等领导人出席圆桌峰会，来自150多个国家和90多个国际组织的近5000位外宾确认出席论坛。2020年6月18日，"一带一路"国际合作高级别视频会议在北京举行，结合全球新冠肺炎疫情形势，习近平主席寄予了"一带一路"倡议新期待：我们愿同合作伙伴一道，把"一带一路"打造成团结应对挑战的合作之路、维护人民健康安全的健康之路、促进经济社会恢复的复苏之路、释放发展潜力的增长之路。目前，"一带一路"倡议已吸引亚洲、非洲和欧洲的众多国家参与，成为构建人类命运共同体的重要支撑。

洋山港作为在世界集装箱码头排名领先的成员，刷新了中国速度和世界速度，续写着中国海上文明的传奇，也为世界海运贡献着自己的一份力量，是中国成为全球经济发展重要引擎的见证者与参与者。

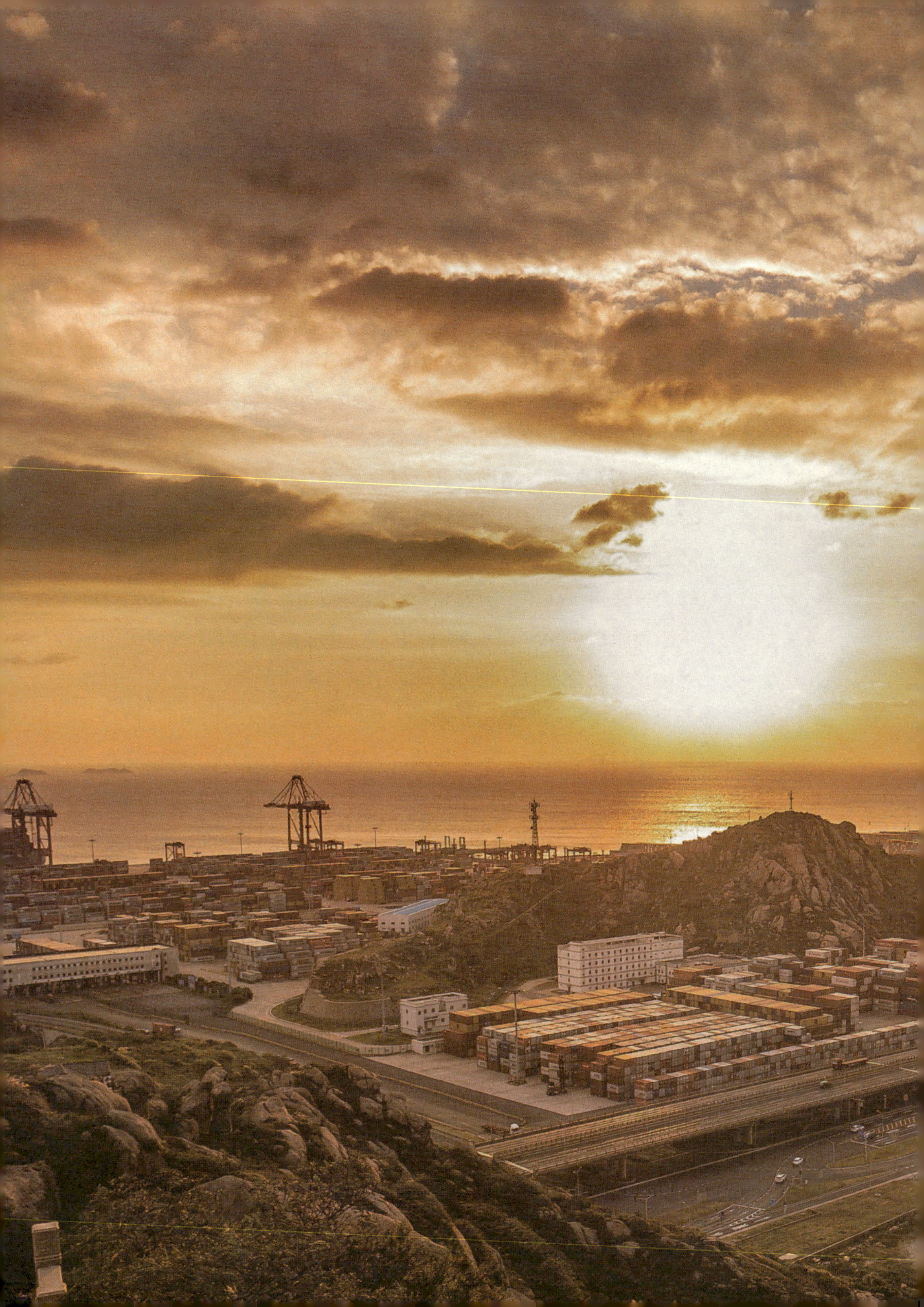

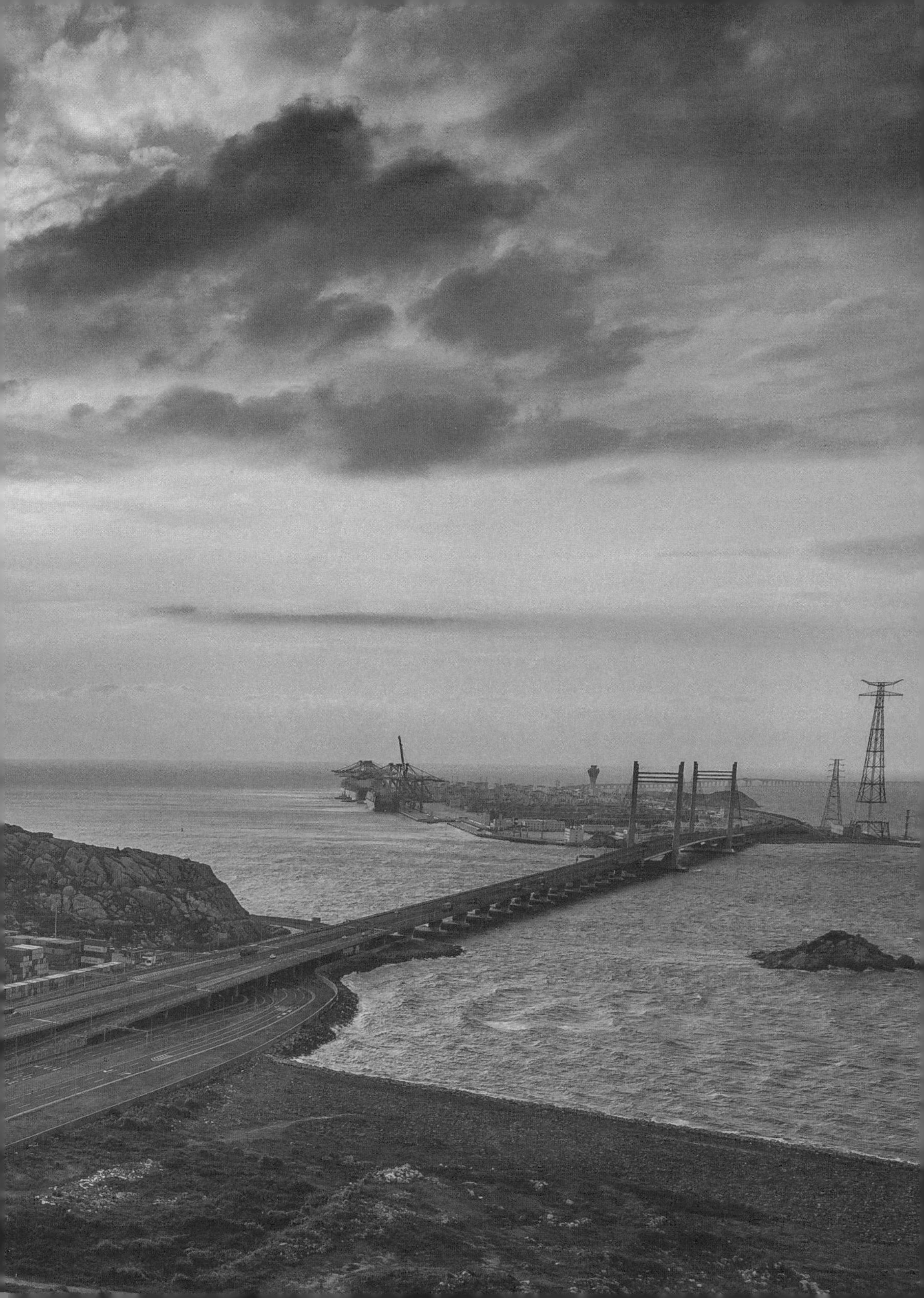

洋山港拍摄手记

曲宁 《这里是中国》总导演

港口对城市发展的意义不言而喻。上海之所以能够获得如今的国际大都市地位，与港口发展也密不可分。2015 年，上海港以其超过 3500 万箱的吞吐量远超第二名新加坡，名列世界港口第一。作为上海港重要成员，洋山港举足轻重，被称为 21 世纪海上丝绸之路最醒目的坐标。

作为主创之一，《这里是中国（第二季）》摄制组有幸为广大观众呈现一座伟大的东方大港，我也深感荣耀与责任。谨此拍摄手记，供读者朋友们延伸阅读。

"魔鬼码头"见闻

洋山港四期给我最初的印象就是，这里几乎找不到任何庇荫的地方。在无人自动化码头，只看见桥吊在动，运送集装箱的车在动，却看不到一个工人。

　　这个偌大的智能码头，就像一部机器，有条不紊地运行着，繁忙却毫无凌乱之感。主创团队十分好奇：人在哪里？是谁在幕后操作着这个庞大的系统？他们又是一群怎样的人？当我们跟随港区工作人员来到位于集装箱货场边的中控塔时，所有疑问都找到了答案。

让我们最感兴趣的是中控塔的作业层。原来，码头上的每一座桥吊都对应着一位司机，他们远程操控着码头岸边的巨型桥吊。只见他们熟练地运用操作杆，通过屏幕上前端摄像头传过来的实时画面，准确吊起货轮上的集装箱，移动到无人驾驶的智能集装箱运输车（AGV）上稳稳地释放。随即，根据系统指令，搭载着集装箱的运输车将货物运到指定位置。

坐在舒适的位置上，没有风雨的侵袭，桥吊司机的效率可以说非常高，这种智能系统的作业效率较之传统系统可以提升30%。据介绍，在洋山港，目前世界上最大的集装箱船装卸时间能节省10个小时。站在中控塔的总控层，向码头堆场望去，近百辆无人驾驶的集装箱运输车穿梭往复，流畅且效率奇高，而它们运行的指令都来自于我所在的总控层。据传闻，这座全自动化码头又被称为"魔鬼码头"，因其实现了码头集装箱装卸、水平运输、堆场装卸环节的全过程智能化操作。

与这里相关的还有一个小知识：尽管大家都把这里称作上海洋山港，但实际上这里不属于上海市，而属于浙江省，只不过是上海向浙江租用了这块"宝地"，建成了闻名遐迩的洋山港。

桥吊偶遇

与洋山港四期的智能化特点不同，洋山港二期的特点是规模大，仅码头岸线就有 3000 米长，一字排开的桥吊一眼望不到头。同样是繁忙的作业场景，只是这边的机械都是有人现场操控的。为了能拍到最佳的镜头，能近距离接触一线工人，我们向陪同人员提出到桥吊上面去拍摄和采访的请求。在确保安全的前提下，作业方同意了我们的申请。这里我要由衷地为我们团队的美女翻译点赞。她平时恐高，从没有上过 40 多米高的桥吊，为了中俄双方工作能有效沟通，她勇敢地登上了桥吊。

说起来，桥吊就是高高的铁架，垂直下方靠泊着万吨巨轮。海风吹来，人们在这些巨型机械上能感到明显的晃动，男同事们在上边走起来都有些瑟瑟发抖，何况一个恐高的女孩呢？不过进入工作氛围，一切可以忘却，她圆满完成了桥吊上的翻译工作。

拍摄桥吊司机作业，是我们上桥吊最主要的目的。俄罗斯同行将桥吊司机的操控，形象地比喻为"抓娃娃"，看上去确实非常有意思。不过单就短短的一个多小时来讲，这算是一种新鲜的体验，如果日复一日，就会发现桥吊司机的工作内容不仅强度很大，而且枯燥单一。桥吊驾驶室距离地面有 43 米，相当于十五六层楼那么高。操作室一共 5 平方米，一整天的时间就要在这"小盒子"

里"蜗居"。因为要透过脚下的玻璃观察下方的作业环境,所以整个工作过程中,桥吊司机都要始终保持身体向前倾斜 60 度。

　　船舶在港的时间成本是以分钟来计算的,港口也是一年 365 天全天候作业。如果赶上紧急任务,他们往往在上面一坐就是 12 个小时。这样高强度的工作还伴随着高要求——从驾驶室看去,集装箱装卸的误差不能超过半个拳头。这对司机来讲,绝对是个不小的考验。

　　在拍摄中,我总觉得眼前这位桥吊司机有些眼熟,不过想不起在哪见过。经陪同人员提示,才想起来他就是大名鼎鼎的劳动模范张彦,能够近距离拍他,也是很难得的。张彦已在洋山港工作了 7 年,一共装卸过 49 万个集装箱。这是什么概念?如果将他装卸的箱子一个个垒起来,总高度约 147 万米,这相当于 3495 个金茂大厦,或 166 个珠穆朗玛峰的高度。张彦曾经仅用 4.17 小时就完成了 820 箱的装船作业,平均下来,每小时装载 196.64 箱,创造了新的集装箱装卸世界纪录。他每年装卸七八万个集装箱，没有发生一起货运质量事故。当我问起他的秘诀，他说靠的是细心和沟通。就是在这样的斗室内，张彦用平凡成就了伟大。完成了对张彦的拍摄，大家都心满意足。

此刻，摄像师在桥吊的斜拉绳上发现了一只甲壳虫，他拍下了它。这一神来之笔，后来成为洋山港一集最精彩的镜头之一。拟人化的表现手法，让小甲壳虫的视角变成了俯瞰的客观视角，映衬了洋山港的繁荣。

神游古今

洋山港外海，一艘载有1500个集装箱的"丹麦号"货轮正在准备驶进港口，我们跟随引航员乘引航船提前来到货轮上，拍摄"丹麦号"货轮在引航员的引导下靠泊到岸。

驾驶室里，我们见到了"丹麦号"货轮的船长。他是一位和蔼可亲的东南亚人，非常认可洋山港的作业效率。他预计，24小时船上的集装箱就能卸载完成，并且装载上新的集装箱。"丹麦号"货轮将满载着从中国内地运来的集装箱货物，经南海、马六甲海峡、印度洋、亚丁湾、红海，最后到地中海附近的欧洲国家。

我发现，"丹麦号"即将航行的线路，竟然跟"古代海上丝绸之路"的线路有大部分的重合，不由心中暗叹前人的探索精神！由此，思绪也被带到了十天前，摄制组为了更多了解"21世纪海上丝绸之路"的内涵，曾造访过位于广东阳江海陵岛上的海上丝绸之路博物馆，"南海Ⅰ号"古沉船就陈列于此。

第一次来到这么大的室内考古现场，跟 800 年前的文物亲密接触，大家都很激动。令我们惊讶的是，中国南宋时期就有那么高端的造船技术，可以运输如此多的货物，它们以瓷器为主，种类繁多，盘子、碗、酒壶等不胜枚举。我注意到一种德化窑粉盒，虽不大却做工精致，釉色温润如玉，形制规整，非常耐看。它们被一件一件登记后，放在蓝色的塑料箱中，目测仅这种粉盒就有上千件。现场足有几十名考古工作人员，他们在一丝不苟地挖掘着。文物出水量之大，让我的俄罗斯同行们非常惊讶。

　　我的思绪回到眼前的这艘"丹麦号"上，它运载的货物已不

仅仅是丝绸、瓷器。"中国制造"的强盛发展，把世界各国都与中国紧密地联系在一起，小到生活日用品，大到高精尖的生产设备，无所不有。"21世纪海上丝绸之路"为洋山港提供了走向世界的舞台。而我们能用纪录片呈现洋山港的发展，实在是幸运之至。

拍摄这一集时，正值盛夏，烈日炎炎。洋山港港区水泥地面地表温度已经爆表，为了不被紫外线灼伤，摄制组成员各显神通，用衣物围成各式"头巾"。此类装扮也让我们显得十分另类，看上去颇具波西米亚风格。无论俄方还是中方成员都没有因为酷暑而停止工作，大家都专注于如何呈现极致画面，用镜头展现出港口的繁忙和吞吐量的庞大。最终，摄制组拍摄了很多宛若科幻电影中的场景。

《洋山港》这一集纪录片在俄罗斯RT电视台及其新媒体平台播放后，在海外引起了轰动。许多观众惊讶于中国的发展，对中国有如此先进的港口感到不可思议。纪录片改变了外国观众对中国的认知。中央广播电视总台的新闻频道、中文国际频道，都对海外舆情进行了报道。

洋山港已经成为中国对外开放的一张亮丽新名片！

高速铁路

高速铁路

「只需要几个小时我便可以从北京到达上海，前方等待我的将是一次十分有趣的会面。」

"今晚，我要参加一场精彩纷呈的音乐会，年轻爵士乐手迈克·马罗将登台献唱。演唱会在上海林肯中心，我想去对他做一场专访。"

"现在去上海能来得及吗？"

"来得及，还有一下午的时间。"

此时此刻，中央广播电视总台国广俄语部记者奥莉嘉·加里佩洛维奇即将离开北京，前往上海出差。

两天一夜的双城采访

奥莉嘉·加里佩洛维奇来自白俄罗斯。2011年，她从维杰布斯科辗转来到北京，开始在中央广播电视总台国广俄语部工作。通过她的精彩报道，那些在中国生活的俄罗斯朋友，能够及时迅速了解到中外文化圈内的大事小情。

奥莉嘉选择乘坐京沪高铁，这是目前中国最快捷的城际交通方式。此次出差，她显得十分期待，"只需四个小时左右，我便可以从首都北京到达魅力之城上海，前方等待我的将是一次十分有趣的会面。"

当晚，奥莉嘉乘坐的高铁列车准时抵达上海，独家专访进行得非常顺利。经过一夜休整，第二天她在返程的高铁列车上忙碌地工作着。"这个报道非常急，我在火车上要完成全部访谈整理和稿件撰写，今晚就得播报。"几个小时后，总台国广《艺术万象》栏目录音间内，主播对此条专访进行了播报。

一天一夜，奥莉嘉就能在相隔1318公里的北京和上海之间打个来回。白天从北京坐高铁到上海，晚上在上海听爵士音乐会，第二天在高铁上制作广播节目，并回到北京。这完全得益于新一代高速铁路的出现。

算上赶赴机场和各项安检的耗时，从北京到上海，乘坐高铁和乘坐飞机所花费的时间几乎相等。但高铁一等座的票价却比飞机票价便宜不少，如果选择二等座，更加经济实惠。

北京和上海是中国城市中最耀眼的两颗明珠，它们一南一北，是中国政治、经济、文化、科技创新的中心。2011年以前，从北京乘坐火车出发，需要十多个小时才能抵达上海。随着2011年京沪高速铁路的建成，两地路程缩短到5个小时。2017年列车提速后，时速达到350公里，旅途时间下降至4小时28分钟。据专家计算，在京沪高铁上每节省一分钟，就能为中国经济多创造数百万美元的效益。

从"和谐号"到"复兴号"

高铁具备方便快捷、价格适中等多重优点。到 2014 年，中国高速铁路已形成了比较完善的高铁技术体系，达到世界先进水平。从 2008 年中国第一条高铁运营到现在，十多年间，中国高铁已遍布全国，并覆盖很多偏远地区。有了高铁，去全国其他城市求学、工作、旅行、出差，对于中国人来说，都不再是遥不可及的梦想。

动车司机苗铮从 2011 年开始驾驶"和谐号"动车组列车。随着技术的进步和速度的提升，"复兴号"动车组列车于 2017 年 6 月 26 日在京沪高铁正式双向首发，苗铮也改为驾驶"复兴号"。"当得知自己能够驾驶'复兴号'的时候，我是非常兴奋的。因为

可以驾驶我们国家自主研发的动车组，时速能达到350公里，这在全世界都是极为领先的。"他自豪地说道。

中国第一代动车组列车"和谐号"问世于2007年，是在消化吸收2004年从德国、日本等国引进的高速动车组技术基础上，进行创新的高速动车组系列的总称。此后的十几年间，中国的铁路设计团队不断研发新技术，在2017年推出了"复兴号"动车组列车，这是由中国铁路总公司牵头组织研制、具有完全自主知识产权、达到世界先进水平的动车组列车。

与"和谐号"相比，"复兴号"具备速度更快、舒适度更高、安全性更高、寿命更长、"身材"更好、容量更大等优势。中车长春轨道客车股份有限公司制动控制开发室主任乔峰介绍道："'复兴号'动车组列车，实现了全部的创新，包括列车网络系统、牵引系统、制动系统等，主要的系统都是自主创新的。最早的火车是靠最前面一个机车牵引的，就是只有一个动力车。后来由于动车组速度比较快，需要的加速也比较快，分散式动车组也逐步出现，也就是动力分布在几个不同的车上。要达到的速度越快，所需的牵引力就越大，动车的数量也就越多。"为了确保安全性，"复兴号"做到了实时监控轴承温度、冷却系统、制动系统的状态和车舱内的状况。一旦发现指标偏离，列车会自动发出警报信号并采取措施降速或者临停。此外，列车在时速350公里的高速运行中会产生巨大的噪音，设计师们在降噪方面也花费了不少心思。

中国高铁车头是流线型的，造型美观。中国高铁工程师们设计"和谐号"外观的灵感，源自高山飞流而下的瀑布，动感十足。该设计最主要的功能，是在高速行驶的时候降低动车组运行的空气阻力。

"低调"的试验性高铁

2003年10月12日，中国第一条客运专线——秦沈客专正式开通运营。这个本应被铭记的历史时刻却在十多年间都鲜为人知。

1978年，中国铁路人开始关注高速铁路技术发展。但受限于经济水平和工程技术能力，直到1999年，铁道部才动工了中国第一条试验性高铁线路——秦沈客专线路。由于当时中国高速铁路采用何种技术还在争议中，铁道部申报该项目时非常低调，把它说成160—200 km/h的标准，而且回避了"高铁"的名称，只称之为客运专线。秦沈客专连接秦皇岛和沈阳，全长404公里，是中国第一条设计时速超过200公里的客运专线铁路。日后参加京沪高铁建设的技术骨干，有90%都参与过该项目。

2016年2月15日，国家铁路局在官网公布了《中国高速铁路》统计表，将秦沈客专正式列为中国第一条高速铁路。至此，秦沈客运专线的历史地位才被正名。

35

列车高速运行的最大阻力来自车头的空气阻力。当列车时速超过300公里的时候，周围的空气强烈压缩，列车仿佛是在冲破砖墙。如果金属强度不足，那么空气的压力会把车头压扁。如果金属总量过多，又会影响速度的提升。解决的方案是采用加固型空心薄壁——钢制"华夫饼"，既坚固又轻薄。

除流线型车头之外，转向架也是整个列车的重中之重。转向架上每条焊缝的牢固程度，都关系到整个动车组内上千名乘客的安危。李万君是中车长春轨道客车股份有限公司的高级技师，他在焊接车间已经工作了30年。"中国运行着全世界商业运行时速最高的列车，对于转向架焊接的每个部件的要求是非常苛刻的，我和我的工友必须掌握精细焊接技术。"

焊接的工作非常辛苦，到了夏天是最难熬的，只要穿上工作服就全身冒汗，每个人每天都要出很多汗。更别提焊接过程中烟尘大、温度高。李万君和工友们每天要完成数百个转向架的焊接，而这些焊缝的质量仅靠肉眼很难完全辨别与判断，必须用超声波进行检测。中车长春轨道客车股份有限公司的质量检测高级技师王丽萍负责这项检测工作，"焊缝是整个转向架的重要组成部分，它的质量关系到将来整个列车的运行，关系到每一位乘客的生命安全。所以我们要针对关键焊缝进行无缝检测，做到万无一失"。

如果说这些高科技的手段和精细化的操作不为普通乘客所熟知，那么还有一些显而易见的变化，大大提升了乘客的出行体验，这就是 WiFi 在高铁上的覆盖。在第一代动车"和谐号"上，由于列车运行速度过快，几乎没有网络信号，乘客们不得不处于"失

联状态"。但第二代动车"复兴号"把这个问题彻底解决了。乔峰说道:"'复兴号'全列车都是有 WiFi 的。无论你到车厢的哪个角落都有信号,并且信号很强。这个技术是非常先进的,目前国外大部分列车上都没有。"

目前,"复兴号"动车组列车尚未完全取代"和谐号"动车组列车,但设计工程师乔峰和他的同事们已经开始研发新的产品了。

高铁驱动社会发展的"共振效应"

高速铁路是人类社会生产力发展的必然结果。自 1825 年英国修建了世界第一条铁路以来,由于运输速度和运输能力上的优点,铁路在很长的历史时期内成为各国的交通运输骨干。

从20世纪50年代开始，公路和航空运输迅速发展，铁路综合优势下降，成为"夕阳产业"。进入20世纪70年代以后，由于能源危机、环境恶化、交通安全等问题的困扰，人们重新认识到铁路的价值。特别是高速铁路以其速度快、载客量高、耗时少、安全性好、正点率高、能耗低、污染轻等一系列的优势，成为当前最具综合优势的交通系统。

高速铁路的造价成本和技术要求高、施建标准严格苛刻、管理维护复杂困难，因此高铁的建设前提是丰富的客源、雄厚的经济、强大的科技、适宜的地势和先进的管理。而中国几乎具备以上所有条件。2016年7月15日，两列中国标准高速动车组均以420km/h的速度在郑徐高速铁路上完成安全交会，标志着中国已全面掌握核心高铁技术。

在中国高铁网从"四纵四横"向"八纵八横"升级发展过程中，许多曾经位于国家高铁网边缘地带的地区也享受到了中国科技进步的红利，开始拥有了属于自己的铁路网，拥有了走向更好未来的机会。中国高铁经济驱动社会发展、城市化进程、城市群建设等方面的"共振效应"日益凸显。

郐志君老人是吉林省珲春市三道沟村的村民。自从退休后，他一直住在这个与俄罗斯和朝鲜相邻的

为什么高铁不用安全带

坐车要系安全带，连坐飞机都要系好安全带，但是高铁上却没有安全带！不只是中国的高铁没有安全带，全世界的高铁都没有安全带！

这是因为高铁列车受制于两条轨道，也受益于两条轨道。一方面，高速铁路在加速度方面有着严格的控制，保证纵向运动的平稳性；另一方面，无砟轨道严格控制了轨道的平顺性，弯道少，弯道半径大，保证列车不会有大的横向和垂向震动。在时速350公里的"复兴号"上做立硬币的稳定性测试，硬币能立起来不倒。所以正常情况下，旅客可以在行驶的列车上自如走动，不需要把自己固定在座位上。

39

村庄。老人有一个由来已久的梦想——坐着高铁游中国。之前总听人提起，但由于离家太过遥远，一直没有机会乘坐体验。2015年，高铁修到了珲春市。在两个女儿的动员之下，郜志君决定去实现自己的愿望。可是第一站的目的地选在哪里呢？郜志君想到了长春，这座距离珲春只有三个小时车程的省会城市。年轻的时候他曾和朋友们去过长春，至今还留有美好的回忆。这次，他决定坐上高铁，去看看这些年长春发生的新变化。"短短几个小时可以乘坐高铁从珲春到长春，可以说走就走。现在我只需要想清楚，到底需不需要从农村搬到城市去生活。"郜志君感慨道。

郜志君老人的体验正是中国高速铁路发展带给人们思维方式与生活方式变化的微观呈现。

2019年7月8日，世界银行发布的《中国的高速铁路发展》报告显示，中国高铁营业里程超过世界其他国家高铁营业里程总和，票价最低，建设成本约为其他国家建设成本的三分之二。高铁建设是中国正在开展新工业革命的标志，中国特有的文化和中国人的勤劳、创新打造了技术先进、安全可靠、性价比高的中国高铁品牌。

有人说，高铁修到哪里，哪里就会富有。高速铁路的建设直接带动着沿线经济的发展，促使高铁沿线城市焕发出新的活力，对中国工业化和城镇化的发展起到了非常重要的促进作用。此外，随着城际间的共同合作项目数量不断攀升，高铁沿途城市的人口流动速度不断增长，旅游业的发展也蒸蒸日上。

未来，高速铁路网将覆盖全中国。即便是偏远地区的人们也可以在屈指可数的几小时内到达国内的任意一个地点。这将为中

从"跟跑者"到"领跑者"

纵观中国地图,"四纵四横"的高铁骨干网已基本建成,"八纵八横"的蓝图正在实现。党的十九大报告提出要建设"交通强国"。作为中国"新四大发明"的榜首,高铁已成为外国青年最想带回家的"中国特产"。

随着"一带一路"倡议的提出,中国高铁正在逐渐走出国门,物美价廉的优点提升了其在东南亚地区的整体竞争力。2017年12月,中泰铁路合作项目正式开工,建成后将实现昆明到曼谷的朝发夕至。2018年5月,印尼雅万高铁项目正式展开主体工程施工。雅万高铁是"一带一路"倡议下中印尼两国共同推动建设的标志性工程,是中国高铁"走出去"的第一单。中国高铁实现了从"跟跑者"到"领跑者"的转变。

国创造新的工作岗位,加深地区间的经济和文化联系。

中国高铁跑出中国速度,更创造了中国奇迹。如今,中国的高铁建设技术已经成功地出口至俄罗斯、匈牙利、塞尔维亚、印度尼西亚、老挝和泰国等国。越来越多的国家将与中国实现跨国铁路连接,越来越多的人将共享到中国高铁技术为生活带来的便利。

目前,中国高铁正进入广泛应用云计算、大数据、互联网、移动互联、人工智能、北斗导航等新技术,实现高铁移动设备、基础设施,以及内外部环境之间信息全面感知、广泛互联、融合处理、主动学习和科学决策的智能高铁发展新阶段。未来,高铁将会朝着智能化和自动驾驶方向发展。2022年北京冬奥会期间,中国将有可能向世人呈现无人驾驶高铁,司机只要坐在车头监控仪器设备正常运转即可。

高速铁路就是中国速度。对于新闻记者奥莉嘉来说,中国速度让她的工作更轻松;对于动车司机苗铮来说,中国速度是日常工作;对于邰志君老人来说,中国速度带来了旅游观念与生活观念的巨大转变。

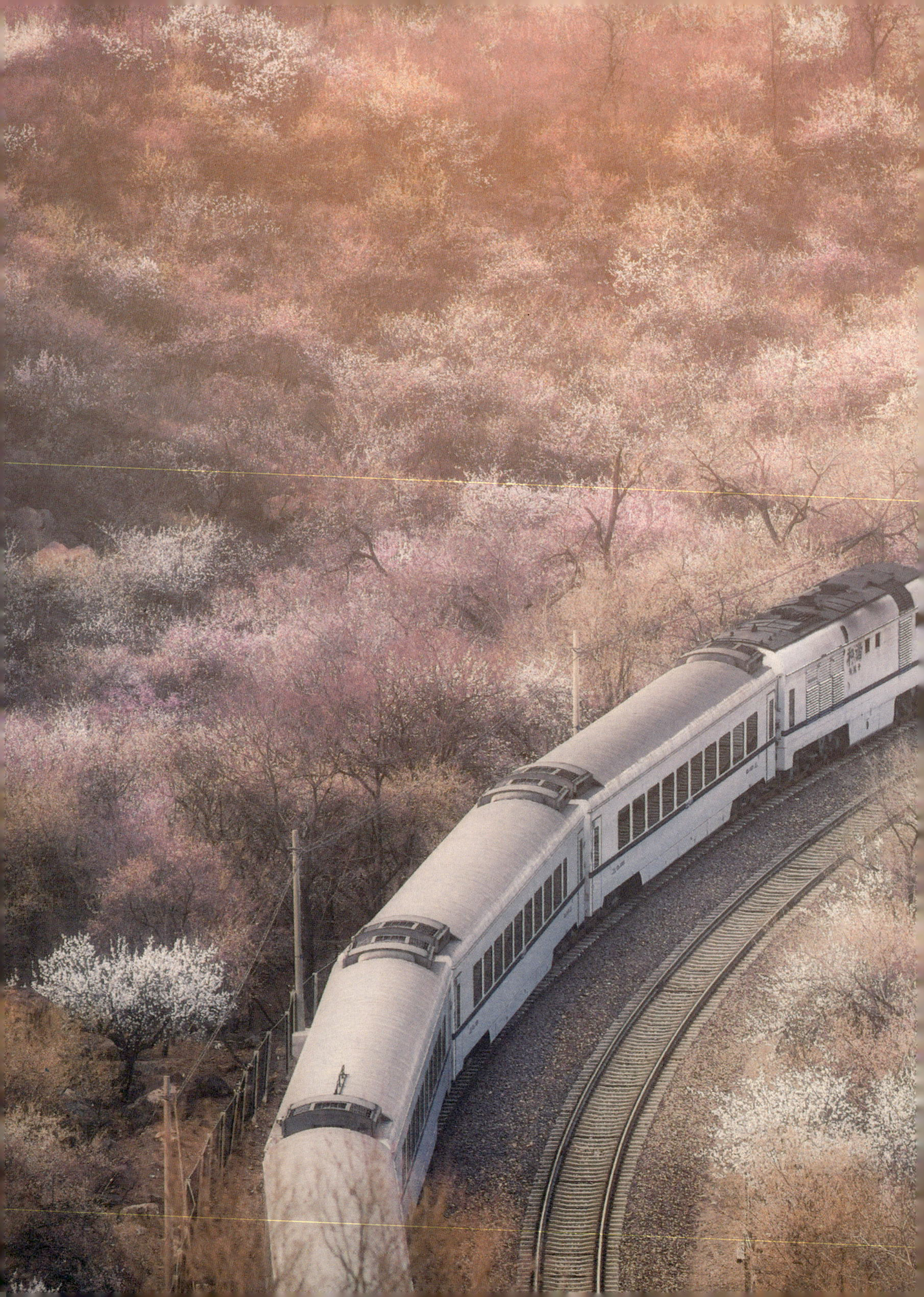

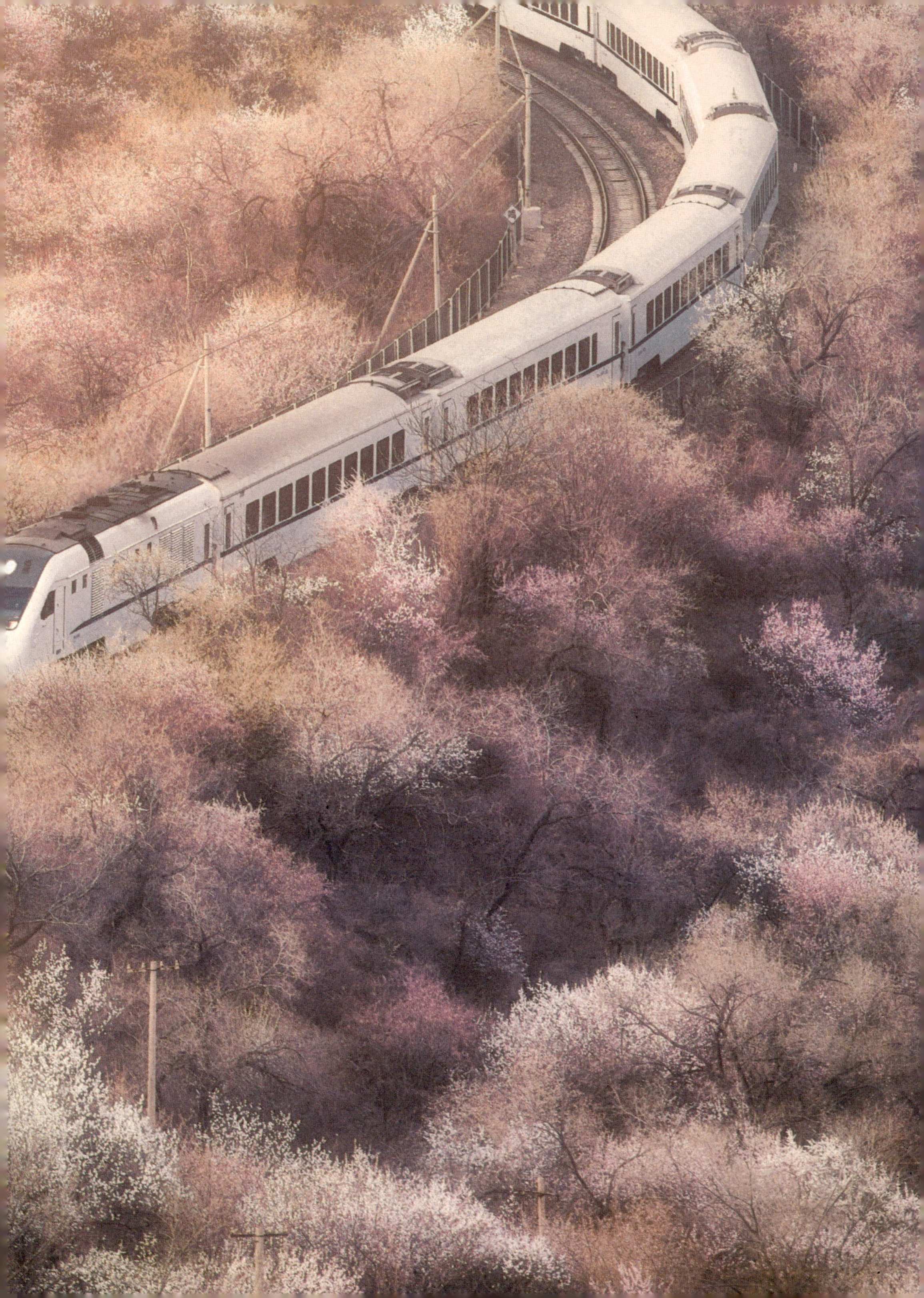

永远在路上
——火车在影视节目中的独特魅力

大春 自媒体影评人、火车环游中国爱好者

火车与铁路是工业革命时代标志性的产物，也是影视剧中的经典意象。世界电影史上第一部短片就是著名的《火车进站》，当时的观众看到后大为惊骇甚至要逃出影院。火车在影视剧中"露脸"有很大优势：有速度，能拍出异常惊险的动作片；有空间，为影视故事提供了戏剧空间；有情怀，绿皮火车是一代人的记忆。中国的影视剧也一直以特殊的方式记录着中国铁路的发展历程。特别是中国进入高铁时代，中国高铁成为一张享誉世界的"经济名片"，中国的影视剧对其的表现也更加深入，从中展现人情冷暖、勾勒时代变迁，进而折射祖国恢宏巨变。

将铁路发展融入共和国发展，火车是影视节目精彩的叙事空间。世界电影史肇始于一部简单的纪录片式的短片《火车进站》。巧合的是，新中国的第一部电影《桥》也与火车有关。这部电影讲述了东北解放战争时期，松花江上的江桥被炸毁，前线司令部要求铁路总局在半个月内修复大桥。面对重重困难,铁路工人用智慧与毅力完成了大桥的修复工作,满载战士、弹药和给养的火车最终成功驶过江桥。这部电影为以后的主旋律电影奠定了重要的叙事范式。

其后,中国还出现了不少讲述火车司机的电影,如《女司机》《英雄司机》等经典影片,展现了铁路在新中国建设发展历史上重要的地位,抒发了广大工人阶级参与社会主义革命与建设的豪迈与激情,也从侧面反映了新中国成立初期的铁路发展情况。1952年,成渝铁路建成通车,这是新中国成立后建成的第一条铁路,铁道建设领域的"长征"终于迈出了第一步。从1958年开始,中国经过12年艰苦鏖战,建成了被联合国誉为"20世纪人类征服自然的三大奇迹"之一的成昆铁路。从新中国成立到1978

年，铁路运营里程由 2.1 万公里增长到 5.2 万公里，中国铁路网初步形成，铁路成为国民经济大动脉。

随着时代发展，绿皮火车登上了中国铁路的历史舞台。墨绿色的车身和座椅，白色的标牌，车厢顶部挂着一排电扇，"况且况且"慢悠悠地行驶……绿皮车可能是现如今大多数中国人对火车认识的开始，承载了几代中国人关于铁路的共同记忆，这也是中国影视尤其中意的表现对象，而其中表现最多、影响最大的，就是春运中的绿皮火车。

铁路与火车，是天然的戏剧场，非常适合拍摄喜剧、惊险题材影视剧。

2010 年上映的电影《人在囧途》，讲的就是 2008 年中国春运期间，玩具周边公司老板李成功和挤奶工牛耿阴差阳错一起坐上绿皮火车去长沙的故事。影片生动展现了春运时期的绿皮火车上拥挤的空间，杂乱的行李下充满的人情味。电影《天下无贼》中的火车上，居然有一个破坏力极强但是又很隐蔽的盗窃团伙，王宝强凭借"傻根"这个角色开始为全国人民所熟知，他的单纯善良让刘德华饰演的盗贼悔过，最后为了救傻根自己丢了性命，火车成了人性的斗兽场。

电视剧《莫斯科行动》改编自中俄 K3 次列车大劫案，中国民警不远千里追凶，最终让罪恶得到审判，整部剧充满紧张刺激的悬念感。而电视剧《惊心动魄》则以 2003 年春季一种严重的传染病肆虐全国为背景，在 1120 次列车出现了一例疑似病例，疫情开始蔓延，一名普通医生不顾自身安危拯救整车乘客的生命，这部电视剧诠释了白衣天使的职业操守，谱写了一段感天动地的生命接力营救诗篇。

高铁时代来临，在影视节目中展现中国急速前进脚步

时间进入 21 世纪，中国铁路发展也进入快速发展新阶段，依靠自主创新，不断加大科技投入，取得了一系列辉煌成就。2006 年 7 月开通的青藏铁路，穿越世界上最大的"生命禁区"，翻越海拔 5000 多米的唐古拉山口，是世界上海拔最高、线路最长的高原铁路。2007 年 4 月 18 日，中国第六次铁路大提速正式展开，CRH1、CRH2、CRH5 动车组大规模上线运行，列车运行时速达 200km/h。其中京哈、京广、京沪、胶济线部分区段时速达到 250km/h，中国从此进入了高速铁路时代。2008 年 8 月 1 日，中国第一条具有自主知识产权、国际一流水平的高速铁路——京津城际铁路正式通车。2011 年 6 月 30 日，京沪高速铁路全线正式通车，标志着中国铁路通过技术创新和标准化管理，工程技术、质量和管理等达到世界先进水平。

中国的影视剧也随着中国的铁路发展，成为描摹和记录这个时代的变化的见证者。比如表现京沪高铁的电视剧《双城生活》在 2011 年热播，该剧以异地婚恋为题材，讲述了分别来自京沪两地的恋人婚后的双城生活故事。该剧编剧王丽萍曾说过，她自己亲眼看到京沪高铁的完工，南北距离不再遥不可及，于是她加了人物在火车上的情节。为了创作好故事，王丽萍在京沪铁路线上一次次往返，在来来去去的火车上获得了不少素材和灵感。

2019 年，主旋律电视剧《奔腾年代》对中国铁路如何从一穷二

白一步步进入高铁时代进行了细致描绘。该剧以新中国电力机车的发展历程为故事背景,以两代人从"奔腾号"到"和谐号"再到"复兴号"的逐梦历程为主线,致敬第一代电力机车人,极为细致地刻画了他们研发创新、让中国电力机车"奔腾"起来的"创业"历程,全景展示了新中国电力机车工业取得的巨大成就,印证祖国的伟大。

此时,也出现了不少关于中国铁路发展的主题宏大、制作精良的精品纪录片。如《中国高铁》讲述中国的高速铁路从桥梁、隧道、无砟轨道等线路工程,到牵引供电和列车运行控制系统,再到高速列车的研制,走出了一条独具特色的创新之路,推动中国在这一领域居于世界领先位置。《天路故事》以普通的人物故事为表现形式,通过朴素、真实的人物生活,展现青藏铁路以及因为青藏铁路而改变的人们的生活,从国家战略的高度观照青藏铁路开通运营十年来的辉煌成就。"这里是中国"系列纪录片的《中

国速度》一集以"两天一夜的京沪双城采访"为主线串联起中国高速铁路的发展历程。纪录片这种艺术形式能为我们清晰展示高铁从技术到建设的方方面面。

大国重器"复兴号",奔跑在民族复兴的康庄大道

中国高铁的发展迎来了新时代,奔跑在民族复兴的康庄大道上。2012年,中国标准动车组"复兴号"正式启动研发。2017年6月25日,中国标准动车组被正式命名为"复兴号",于26日在京沪高铁正式双向首发。这些在纪录片《创新中国》中都得到生动呈现,作品中提到,"复兴号"是我国具有完全自主知识产权的高铁,标准时速350公里,能耗降低10%,标志着中国高铁迈入新阶段。纪录片《辉煌中国》拍摄团队特地进驻中车四方股份公司,进行为期5天的采访录制。围绕"复兴号"中国标准动车组,摄制组精心拍摄了研发设计、试验、生产制造等多个环节,并在多个场景采用航拍手段,以独特视角展现"复兴号"中国标准动车组的魅力。其中展示的"复兴号"55万多个零部件工人安装零差错,达到世界领先水平的中国高铁技术,让广大网友惊叹不已,自豪不已。

2018年7月1日起,全国铁路实行新的列车运行图。16辆长编组"复兴号"动车组首次投入运营,"复兴号"作为最先进的中国高铁,揭开神秘的面纱,奔驰在祖国广袤的大地上,迈出从追赶到领跑的关键一步。

2019年7月8日,世界银行发布的《中国的高速铁路发展》报告指出:中国高铁营业里程超过世界其他国家高铁营业里程总

和，票价最低，建设成本约为其他国家建设成本的三分之二。中国高铁跑出中国速度，更创造了中国奇迹。

2019年9月底，京张城际铁路沿线5G信号基站全部开通。中国高铁正进入广泛应用云计算、大数据、互联网、移动互联、人工智能、北斗导航等新技术的智能高铁发展新阶段。现在，旅客们乘坐"复兴号"出行，不仅在速度上求快，舒适的出行体验是其更高级的追求。目前，移动支付、在线选座、智能导航等功能已经成为"复兴号"服务旅客的标配，让旅客出行更加方便、快捷、温馨。

中国的铁路发展史就是一部精彩的国家记忆相册。铁路是贯穿祖国大地的经济大动脉，为经济发展提供强大推动力，承载着人民对美好生活的无限向往。在中国的影视剧中，铁路始终占据重要的位置，带有速度与戏剧的永恒艺术魅力。随着中国铁路的快速发展，将会产生更多紧贴时代、聚焦国家发展、反映百姓生活的影视精品力作。

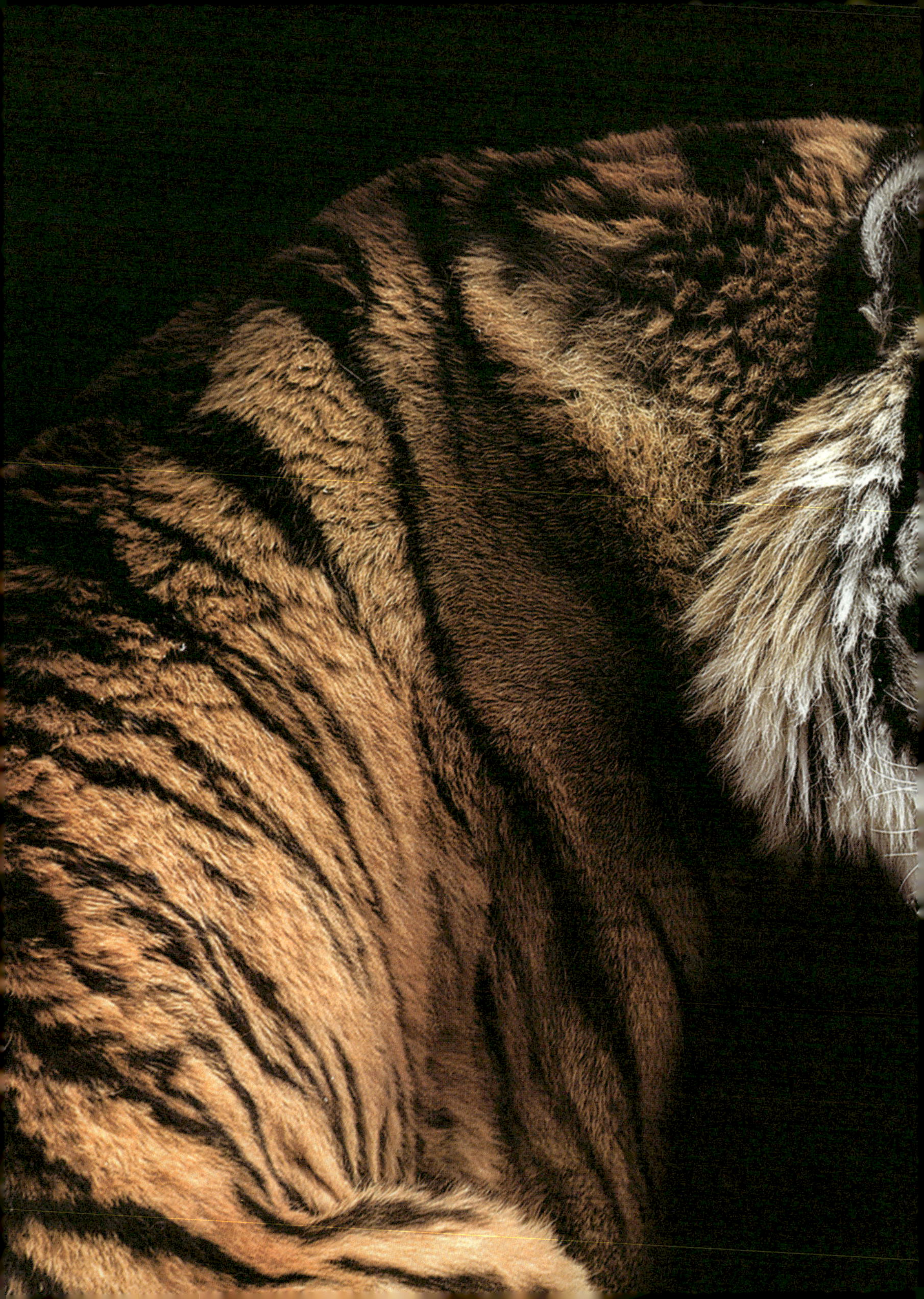

2 中国『宝藏』

跟踪东北虎

跟踪东北虎

「在林区，我们都把老虎称作山神爷。我们希望得到它的庇护。」

传说

相传，一名东北商人赶着马车疾驰在回家路上。他着急赶路，并未发现一只老虎尾随其后。到了家门口在下车之际，商人一回头，这才看到了老虎。但老虎只是看了看商人，就转身离开，悠然隐入树林里。商人把见到老虎的事情告诉了母亲，母亲便叮嘱儿子："这是山神爷在保佑你平安归来，你要到远处的大山中燃香拜谢山神爷，山神爷就是东北虎。"

这个祖辈口口相传的故事，一直搁在珲春东北虎国家级自然保护区管理局科研中心主任郎建民心中。

传说的来源要追溯至老虎在生态链中的"王者地位"。为数众多的杂食动物和食草动物，经常成为森林植被和农作物的重要威胁。例如，野猪是一种凶猛的杂食动物，数量过多的野猪群，不仅会到处糟蹋庄稼，甚至还会伤人，而一般人根本无法制服它们，所以将其视为有害野兽。然而，在食物链上层的老虎面前，野猪的"威风"便荡然无存，其他众多小动物，往往也成为老虎的美食。正是老虎对食物链下游的动物的"扫荡"，使大自然保持了动态的平衡。

虎是骄傲的独行者。动物界里，能不群居而独立生存的动物很少。虎可以自行觅食，而且觅食量仅仅是它当时需要的食物量。虎从不会向自然界过多索取，捕食之后的几天内，其他偶蹄动物都可以正常活动，而不用担心虎再来袭击。

此外，每一只成年虎都会在森林中寻找一块专属狩猎区，保证一年中自己在区域范围内可以从容地捕到50只偶蹄类猎物。为了标识出自己的领地，虎会在树木和区域附近的一些物体上留下自己的印记。其他老虎嗅到它留下的气味，就能确定占领这片林子的是公虎还是母虎，以及它的年龄，从而决定要么绕开此地，要么与年长或弱些的虎争夺地盘。

虎共有九个亚种，除已经灭绝的巴厘虎、里海虎和爪哇虎外，目前尚存于世界上的种类有六个：西伯利亚虎、孟加拉虎、华南虎、苏门答腊虎、印支虎和马来虎。

西伯利亚虎又称东北虎。它起源于亚洲东北部，即俄罗斯西伯利亚地区、朝鲜和我国东北地区，有三百万年的进化史，现为我国一级保护动物。东北虎是现存体型最大的肉食性猫科动物。成年雄性东北虎平均体重270千克，肩高1.1米，全长可达3.6米；雌性平均体重170千克，肩高0.8米，全长可达2.9米。头大而圆，前额上有数条黑色横纹，中间常被串通，形似"王"字，故有"百兽之王"的美称。它的毛色艳丽，体色夏季棕黄，冬季淡黄，背部和体侧为淡黄色，腹部为白色，全身布满黑色条纹。与其他虎种相比，东北虎体型最大，体色最美，尤为强悍凶猛。为了抵御低达零下45℃的低温，长着厚厚的皮毛，在所有老虎中，它每平方厘米的毛发数量是最多的。

为什么中国兵符多为"虎符"

虎符是中国古代的一种兵符，是调兵遣将的凭证。古代交通不发达，虎符在帝王与军队之间起着至关重要的作用。虎符分左右两个半块，君王持右半块，将军持左半块。若君王需要调兵遣将，则派遣使臣拿着一半虎符去找将军，当虎符与将军的另一半完美结合时，将军才会执行王命。通常虎符长度在10厘米以内，宽度在5厘米以内，厚度在1厘米以内，虎符上的老虎呈走动状态，昂首向前，尾巴上卷。

虎符之所以做成虎形，是因为虎在中国被认为是百兽之王，象征勇猛无敌。中国古代有许多与虎有关的官名，并且都是武将，如"虎贲"。皇帝自认为是真龙天子，所以兵符不可能做成龙形或凤形，做成虎形就成了首选。

由于东北虎对于当地自然环境有着调节生态平衡和物种平衡的作用，人们为了表达对老虎的感谢，称其为"山神爷"。

捕猎

黑龙江省东宁市绥阳镇的梁奉恩，年轻的时候是当地出名的猎手，人人闻之色变的老虎和熊，他也敢独自捕猎。

然而，20世纪90年代初一次猎熊的经历，彻底改变了他的职业轨迹。

那天，有一只熊攻击了村子里的两位老人，他接到消息赶去猎杀。到达出事地点，梁奉恩意外地见到了这只熊。在过往的狩猎经验中，熊在攻击人之后一般都会尽可能地远离攻击地点。但这只熊不一样。"凭我以往的经验，'黑瞎子'咬完人肯定就跑了，

我就继续往前走，它'嗷'的一声站起来，我都没反应过来，枪也摘不下来。'黑瞎子'又往前跑，我就躺下，'黑瞎子'扑了我两巴掌没扑到，躺下来之后，'黑瞎子'还往上，我一侧身，躺下打了一枪，它'扑腾'坐下，然后扭头就跑了。"至今梁奉恩回忆起来还心有余悸。

情急之下，梁奉恩赶忙朝熊开枪，猛兽的皮肉终究不敌子弹，几枪不到，血液汨汨流出，熊也失去了挣扎的力气，倒在原地。这时，不远处跑出两只熊幼崽，惊恐地看着这一幕。

这时，梁奉恩才明白过来，母熊袭击人、袭击之后不肯离开的原因，都是为了保护身后的孩子。看着幼崽绝望地搂着妈妈的尸体，发出阵阵哀嚎，梁奉恩心头一震。"看到小'黑瞎子'搂着它们妈妈绝望的样子，我就感到，一定要好好地保护野生动物。

从此以后再也不杀了，再也不打了。"

梁奉恩开始打算转行做野生动植物保护工作。恰巧，野生动物保护协会为了寻找更了解动物的保护人员，到绥阳林业局寻找猎人。他们认为经验丰富的猎人常年行走在山林，非常熟悉动物的习性，可以更好地保护动物。梁奉恩由此成为绥阳林业局暖泉河林场的巡护员，每天要跋涉几十公里的路。梁奉恩的家人没有想到，一直热衷狩猎的梁奉恩竟成了一名自然保护者。

"靠山吃山、靠水吃水"的先辈们，依赖着大自然提供的宝贵资源代代生存，同时也心怀感激。他们认为万物有灵，珍视每一种生命，又将馈赠他们的山川湖海敬称为神明。懂得珍惜保护，时时不忘"留得青山在"。这种良性的循环，是重视天人合一观念的体现：自然馈赠人类生存的基本物质材料，人类敬畏自然，保护自然，从而繁衍生息。

到了现代，像梁奉恩一样的生态保护者们，包括野生动物保护管理、科研教育、驯养繁殖、自然保护区工作者和广大野生动物爱好者在内的群众团体，默默地聚集在一起，保护着野生动物，保护着大自然。这样的身影，如今已有41万多个，他们是中国野生动物保护协会的成员。

高铁为兽王让路

2015年，当时人们确定，东北虎和东北豹恢复和回归的唯一选择就是向西进入中国东北内陆的森林地带。而珲春已经确定将投资建设一条与S201省道并行的高速公路，以及一条由珲春至俄罗斯海参崴的高铁。如果两项工程得以实施，那么保护区与内陆森林将被两条高速路段割裂，东北虎豹最后的回归通道也将不复存在。

在政府与俄罗斯签署高铁协议的前三天，北京师范大学副校长、生态学家葛剑平和全国政协副主席、民盟中央常务副主席陈晓光两人立即赶往长春，找到吉林省委书记巴音朝鲁反映情况，巴音朝鲁十分重视东北野生动物保护的问题。最终，吉林省决定取消原定的高速公路建设，高铁则改道而行。

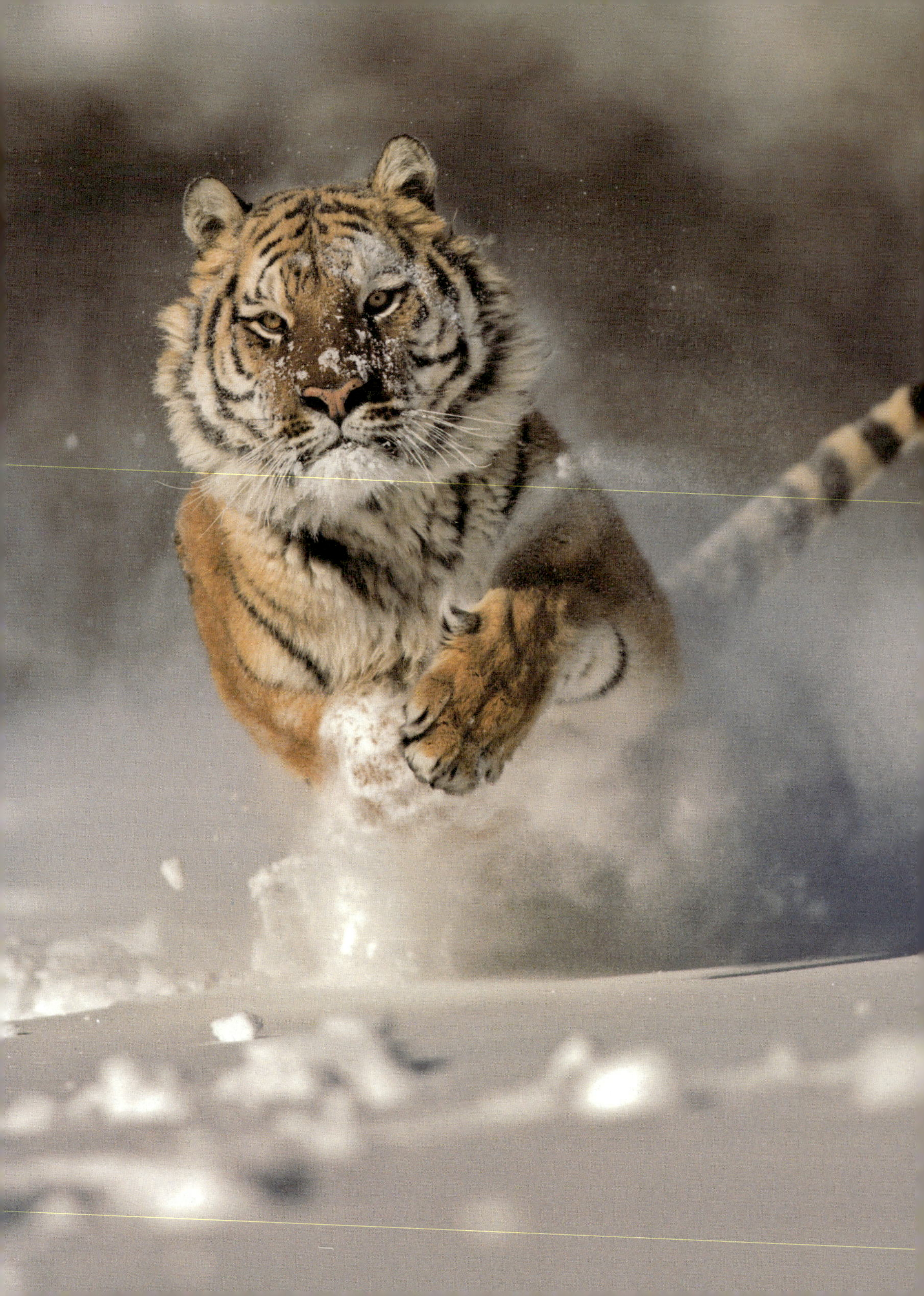

监测

　　郎建民从 2003 年起开始对东北虎进行视频监测。在他们监测的区域共安装有 260 台隐蔽相机。平日里，他们会检查监测情况，收集数据，并借助 GPS 确定东北虎出没的主要地点。每隔一段时间，他们还要开展实地考察。郎建民和他的团队致力于避免本已稀少的东北虎之间再为争夺地盘发生争斗。保护区内的所有东北虎，都被登记在册，老虎的栖息状况也得到细心的监测。

　　这次，珲春保护区的工作人员所前往的区域，预测会有一对东北虎栖息。在林中搜寻许久，他们发现了一雌一雄两只老虎的脚印。"这是一个很清晰的东北虎足迹。"郎建民边说边拿出了卷尺进行测量，"掌垫大小为 9.7 厘米，产生的时间大概在一周前。虎的行走方向是从我的背面而来，沿着这条道路一直往前走。"职业的敏感使他比别人更多一分惊喜，他提醒大家特别留意小老虎的足迹："正常的话，7 月份是小老虎刚刚出来练习溜达的时间，两三个月还不太敢离开母亲，足迹会离母亲很近。所以要特别注意……"雌虎足迹的周围很可能伴有老虎幼崽的痕迹。

　　发现、监视老虎并不是他们工作的全部。他们还要对每只老虎进行辨识。监视器全天候记录着老虎的生活状态。这里的森林，最好的观察记录时段还是白天。功夫不负有心人，不一会儿郎建民就发现了一只雄虎的身影。每只老虎身上都有独一无二的虎纹，就如同人的指纹一样。工作人员一般采取三点式检测方法，在老虎的肩部、后臀部和腰部这三个点选三处花纹，进行记录和区分。

即使东北虎跑到其他保护区甚至是跨过了国境，工作人员也能根据这特征辨识出它们。

郎建民介绍道："老虎是昼伏夜出的动物。白天睡觉，晚上出来捕食和活动。活动的频率一年四季没有什么分别。老虎睡觉跟人不一样。人一睡就是连续六到八个小时，老虎睡觉则非常警觉。它可能在这个地方睡三个小时，突然耳朵听到什么危险的声音，马上会起来走几步，等感觉到没有什么威胁了，再躺下来继续睡觉。一个白天换五六个地方睡觉，这是很正常的。老虎能在夜间捕猎食物，靠的是眼睛的反射层。它们的视网膜后面有专门的反光膜，能更好地聚光，看东西更清楚。老虎在夜间的视力比人强六倍。"

除了当地的工作人员，科学家也在密切关注着东北虎的健康状况。

国家林业和草原局东北虎豹监测与研究中心副主任、北京师范大学副教授冯利民和助手李申也在吉林国家保护区开展实地考察，他们的任务之一就是寻找可供研究的东北虎粪便。"先测一下这个粪便的直径，是 4 厘米。长度有 28 厘米。是一个非常典型的虎的粪便。"样本被细致地包装密封好，做上标记，然后立即送往北京师范大学的实验室进行分析。有意思的是，通过对粪便进行高精度的细胞分析，专家们可以准确地告知所化验的粪便来自哪一只虎，并评估其健康状况。

国家林业和草原局东北虎豹监测与研究中心副主任王天明与他的团队的研究工作之一就是监测东北虎的食物链。"2005 年保护东北虎的组织开始积极解决东北虎的生存问题。虎的数量恢复

离不开猎物的数量和质量，只有野猪、狍子、梅花鹿恢复了，虎的生存环境才能恢复。及时统计它们的数量，有助于减少东北虎灭绝。"为了监测东北虎及其猎物的状况，他们使用了许多先进的设备和手段，比如用地基雷达来探测森林结构。

　　完成监测工作非常困难。因为东北虎作为世界上最大的猫科动物，非常乖张、凶猛，只有在东北虎的生命受到威胁或健康出现较大问题的时候，才有必要打扰它。因此，东北虎的疾病防治通常是远程完成的。

冯利民副教授在北京师范大学的研究课题是如何保护东北虎以及这一稀少动物栖息处的生态系统。此次野外考察，他和他的团队还有一个重要任务，就是通过激光扫描确定有东北虎出没的林区，为评估总体环境获取三维图像。森林的透光度要满足拍摄条件，这样扫描出来的影像才是清晰的。当镜头中出现一个很明显的红点时，就表明扫描效果比较好。

除此之外，他们还要在保护区内安装实时监视设备。首先要测试传感器和红外线相机在野外环境下的工作状态，然后是安装联系数据处理中心的通信设备。安装完成后，设备将对东北虎生活区进行全天候录影，并将图像自动传输到北京师范大学数据处理中心的电脑。目前冯教授的团队已经在中国东北的各保护区内安装了4000台监视器。他们想完成的目标是，在东北虎出没的地段安装三万台监视器。

截至目前，北京师范大学虎豹研究团队在国家林业局、吉林省林业厅、黑龙江森工总局的支持下，已经开展了长达 15 年的定位监测，并建立了中国野生虎豹观测网络。中国野生东北虎豹迎来了种群恢复的曙光。

保护

"山里经常有虎豹出没吗，老师？""对，这地方应该有两只虎、一只豹、一只熊，还有就是野猪、狍子，少数梅花鹿。这里是狍子和野猪最多的地方。"师生们正在车里热烈讨论着，期待发现东北虎的足迹并进行研究。

东北虎的天敌很少。野兽中可能打败东北虎的只有大棕熊，而且那些敌不过棕熊的多是不太强壮的东北虎或是东北虎幼崽。所以，生活在自己的家里，东北虎任何时候都很有安全感并觉得自由自在。在中国保护区内，东北虎的主要食物有野猪、鹿

和狍子。老虎一般情况下不把人类当作猎杀对象，除非在受到威胁的情况下。比如其他的猎食对象没有了，或是自己的栖息地面临失去的危险，老虎才会有针对性地攻击人类。

在过去的100年里，全球野生虎的数量从10万只锐减到不足3500只。野生虎是健康生态系统的重要标志之一，如果不扭转这样的趋势，结果不只是野生虎数量上的锐减，而且将导致野生虎栖息地的丧失及其种群的消亡，这将给整个亚洲的生物多样性及我们共同赖以生存的生态系统带来巨大的损失。

20世纪80年代中期，在俄罗斯边疆区曾发生过一起悲剧。当时有很多野猪因暴发瘟疫死亡，暴雪又造成了狍子和马鹿的大量死亡。森林里没什么动物可吃，找不到食物的老虎开始跑出林子，到村庄里咬食家畜和狗。人们在符拉迪沃斯托克市区的一个公共汽车站发现了老虎的踪迹，居民由此产生了恐慌。48只"肇事"的虎，因袭击家畜，在官方允许下遭到了猎杀。

现在，俄罗斯和中国的专家们正努力阻止类似的悲剧再次发生，他们开展国际合作，采取积极有效的措施，遏制野生虎种群

"森林之王"东北虎为什么会濒临灭绝？

东北虎面临灭顶之灾，首先是因为人类的捕杀以及其繁殖率较低。东北虎的寿命一般为25年左右，三四岁时性成熟，每年12月至翌年2月发情，怀孕期100—110天，每胎一般产2—4个幼仔。幼虎吮吸母虎乳汁长大，要跟随母虎2—3年才独立生活。在自然界里，母虎2—3年才繁殖一次。人们对东北虎的捕杀率大大超过它的繁殖率，这是东北虎濒临灭绝的直接原因。

滥砍滥伐森林，乱捕乱杀野生动物，严重破坏生态平衡，是造成东北虎濒临灭绝的另一个重要原因。森林是虎的生存环境，这个环境也包含着虎的猎食对象——野猪、鹿、狍子等。据考察，在一头东北虎的领地内，应当不少于150—160只野猪和180—190只鹿。过去一段时间，由于偷猎者较多，致使虎的捕食动物大为减少，直接导致东北虎繁殖数量也大幅下降。

数量下滑的趋势。

早在 20 世纪 50 年代，中国政府就公布了有关保护东北虎的规定；80 年代制定了《中华人民共和国野生动物保护法》，东北虎被列为一级保护野生动物。人类对自然的敬畏之心还是敌不过贪婪之心。森林砍伐、猎虎得皮以及虎骨入药造成东北虎数量急剧减少。截至 20 世纪中期，存活下来的东北虎仅剩下 20—30 只。政府对东北虎采取了全方位的保护措施。《中华人民共和国刑法》规定，非法猎捕、杀害国家重点保护的珍贵、濒危野生动物的，或者非法收购、运输、出售国家重点保护的珍贵、濒危野生动物及其制品的，处五年以下有期徒刑或者拘役，并处罚金；情节严

重的，处五年以上十年以下有期徒刑，并处罚金；情节特别严重的，处十年以上有期徒刑，并处罚金或者没收财产。这一法规的出台使偷猎、盗猎行为大幅减少。国家在吉林省和黑龙江省先后确立了九个野生东北虎保护优先区，并且出台了严格的保护办法，恢复野生东北虎的栖息环境。2016年，由吉林和黑龙江两省政府联合上报的《东北虎豹国家公园体制试点方案》审议通过。东北虎豹国家公园选址于吉林、黑龙江两省交界的老爷岭南部区域，与俄罗斯、朝鲜接壤，总面积超过 146 万公顷。划定的园区是我国东北虎、东北豹种群数量最多、活动最频繁的定居和繁育区域，也是重要的野生动植物分布区和北半球温带生物多样性最丰富的地区之一。园区内共有 12 个自然保护地，其中包括 7 个自然保护区、3 个国家森林公园、1 个国家湿地公园和 1 个国家级水产种质资源保护区。国家公园内监测到的野生东北虎现已达 37 只。

　　悠然地生活在自己的领地，有众多的动物可以捕食，有安宁的环境可以惬意地休息，东北虎在中国重新成为森林之王和"山神爷"，就如它额头上的标记——"王"一样，是真正的兽中之王。

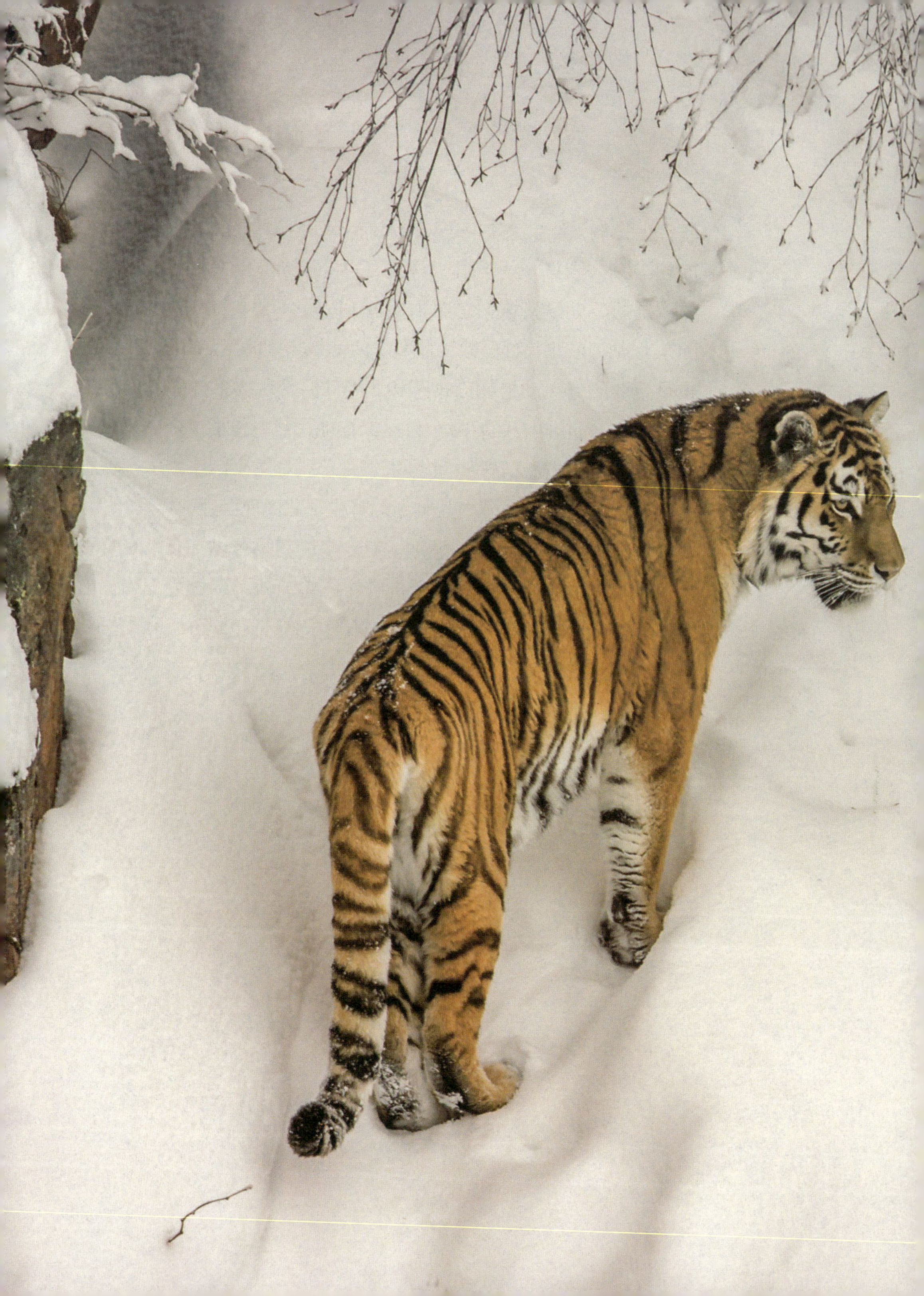

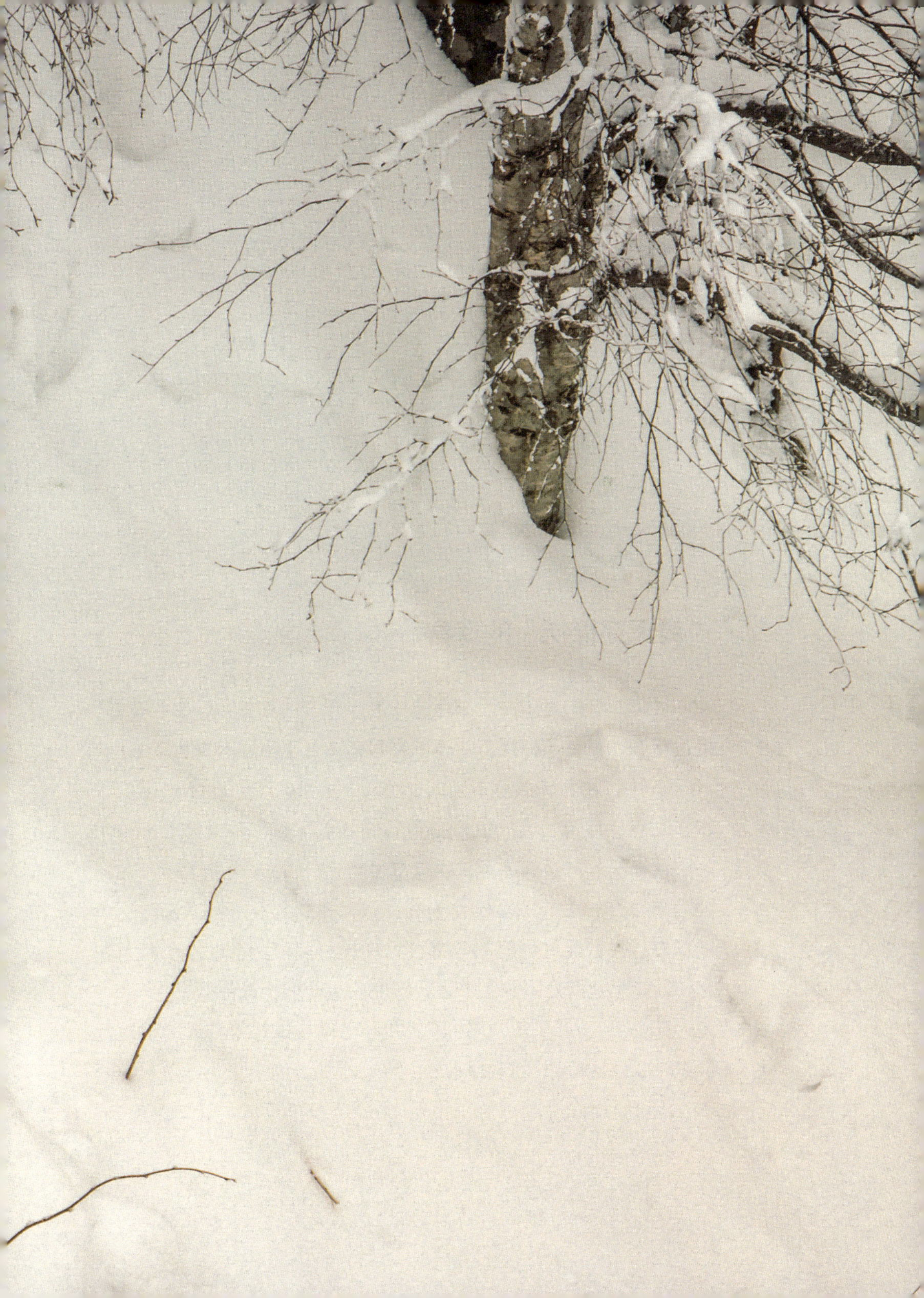

那片大森林里有老虎

蒋习 《这里是中国Ⅱ》翻译

"夏天穿棉袄"的珲春

7月，前几天还在广州汗津津的，今天飞到延吉，坐长途车，抵达珲春，穿上了棉袄。一点不夸张，东北下雨好冷啊！

放下行李，大夜里开始吃晚饭，吃完饭，夜里11点了。本想多吃点，为第二天"饥寒交迫"储备点体力，结果第二天艳阳高照，棉袄改衬衫。珲春，有点意思啊！

早上开拍摄碰头会。作为翻译，工作原则有三：准确传达中俄双方意思；能处理的问题直接处理；不挑事。经过一个多月朝夕相处，无须俄方团队张嘴，我就能知道他们想说什么。

碰头会还没结束，中方领队曲导已经安排好第二天的拍摄行程。"生活大管家"刘老师带着年轻的小梁，为全队买好雨衣、雨裤、雨鞋、皮衩子。

准备进山！

从鞋里倒出一公升汗水

　　真正的大森林——东北虎和远东豹自然保护区,总面积108700公顷,主要保护国际濒危物种、国家一级重点保护野生动物东北虎和东北豹。

　　路不好走。专业越野车也只能带我们走到森林边缘,剩下的路自己走。中俄摄制组一路完全听从大名鼎鼎的"郎老虎"郎建民指挥,他是吉林珲春自然保护区管理局科研中心的工作人员。

　　早上四五点起床,先拍出发的镜头。太阳刚升起来,拍摄出发的过程漫长又磨叽。郎队不干了:"得赶紧进山,再晚完不成工作天就黑了,天黑山里危险!"

　　一进山林,俄方导演表示这景色很像俄罗斯。

是啊，这里是中、俄、朝三国交界地带，东面与俄罗斯波罗斯维克、巴斯维亚两个虎豹保护区和哈桑湿地保护区接壤。说起两国虎豹研究学者的名字，互相熟悉得很。

生态，是自然的馈赠；环境，是可持续发展的基本保障。老虎可不管国界，哪儿环境好它往哪儿跑。

东北虎，俄罗斯人叫它 Амурский тигр，就是阿穆尔虎，是自然生物链中最顶端的大型猫科动物。全世界东北虎的数量不足500只，仅分布于俄罗斯远东地区和中国的吉林和黑龙江两省的局部区域。珲春东北虎国家级自然保护区是中国野生东北虎分布数量与密度最高的区域。

进山之前，得换装。我们用半小时戴帽子、穿雨衣、穿皮衩子。皮衩子是插秧人或者卖鱼人穿的那种"鞋加背带裤"，全塑料胶皮材质，穿上不透气，但防水。

为保护和研究东北虎豹，保护区在东北虎豹活动频繁区域以3公里×3公里的距离，采用网格化架设了260架红外线相机，两两相对共设置了130个监测点位。每隔两个多月，要进山采集相机里面上一时段拍摄的影像资料。通过照片上虎豹的体型大小、步距、花纹等特征进行分析，对虎豹的个体差异、活动规律等进行研究。

除了这些基础工作和日常的野外调查之外，科研中心还有一项重要的工作：上山找虎。我们这支国际拍摄团队有幸跟拍全过程，但我心里暗戳戳想，拍不到虎豹有遗憾，要真迎面看见一只大老虎，就没有遗憾吗？

正胡思乱想着，听到前方郎队大喊："停！"

导演、制片、两个摄像师、录音师、编导和我,用"鬼子进村扫雷"那种姿势,跟着专家走到一摊烂泥旁边。

"这是虎爪印。长宽高你记录一下。"

"一只母虎。看看旁边有没有幼崽的脚印,好像没看到。"

"好,拍照。"

每年在山上的时间有100多天,平均每天走15公里,工作了近20年的"郎老虎",至今已走了2万多公里的山路,练就一双"火眼金睛"。每当发现野生动物在山林里的卧痕和足迹,郎建民都会用GPS仪器进行定位,进行数据收集,便于日后调查分析时调用。

郎队说完,摄制组赶快各就各位,全景、远景、近景、特写,使劲拍。必要的时候请他重复几遍动作。十分不愿站在草丛里的"闲杂人等",也都心一横,走进树林蹲在乱草中。

为什么不愿意靠近植物呢?因为有蜱虫。蜱是许多种脊椎动物体表的暂时性寄生虫。它嗅觉灵敏,当与宿主相距15米时,即可感知,由被动等待到活动等待,一旦接触宿主即攀援而上。如栖息在森林地带的全沟硬蜱,成虫寻觅宿主时,多聚集在小路两旁的草尖及灌木枝叶的顶端等候,当宿主经过并与之接触时即爬附宿主。被蜱虫咬后,病毒侵入人体后直接作用于全身毛细血管和小血管,引起广泛的血管壁损伤,使血管壁的通透性增高,导致组织或器官的水肿,从而出现全身皮肤黏膜的充血或出血,临床表现为多系统受损,病情严重者,多于发病后第6—9天死亡。

当然,不会一被咬就没救,致命是有概率的。

75

俄罗斯朋友们开始都很怕，用胶带紧紧勒住袖口和裤腿，每个人都跟太空人似的迈步走着。我也"五花大绑"个严实，一整天不能上洗手间，尽量减少进食。

回头看看郎队和他的专家队伍，长裤加短袖衬衫。

快到中午，女编导松开脖领撸起衣袖，露出雪白的锁骨和胳膊说："我宁可被咬也不能先热死。"紧接着，制片和摄像开始整理衣裤，大雨鞋一脱，"哗"地倒出半筒水。

我说，咱们刚进山拍摄两个小时，还没下河呢，哪来的水？

他们说，这是刚出的汗。

大自然的礼物

大森林里不比城市，这里潮湿闷热，但裸露肌肤又感到冷飕飕的。为了方便行走，野生动物专家就地取材给我这样的"弱势群体"削了根拐杖。

穿过没有路的树林，跟着专家来到河边。说是河，那水流速度完全可以比赛皮划艇。

咋过去？专家说，找水流不急的浅水区走。一定要站稳，倒下以后水会冲进皮衩子，这东西一旦进水，人就站不住，会迅速被水流带走，拉都拉不回来。

可是哪有浅水区啊？有的地方清可见底，但石头光滑得反光；有的地方看似好走，一脚下去，水没过大腿根儿；还有的地方卷着漩涡，关键河还挺宽。

想想也是，野生动物生活的区域，总不能是可以搭帐篷的大平地吧？眼看着郎队的人已经过去了，俄罗斯朋友速度也不慢，我赶紧死死抓住刘老师的胳膊。哈哈，现在想起来还觉得对不住他，当时是真相信我们这位"生活管家"！他心细，我坚信他能带我找到一条不危险的路。果然，顺利连滚带爬到了对岸。

可还是没有路啊！

为了使"中国东北虎和东北豹监测及保护"达到国际先进水平，保护区建设了六个基层保护站，设有60多个红外线监测相机观测点。

"平常一天要爬四座山，早上七点多上山，晚上六点多下山，平均一天要走十四五公里的山道。冬天雪大时，雪能没过大腿。"郎建民所说的这个路程，只是他科研工作中为红外相机换电池、储存卡的任务量。"平均两个月就要把60多个观测点全走一遍。"摄制组一路跟着他（或者说是野生动物）常年踩出的熟路，来到观测点。

打开设备，看到被拍到的各种"虎豹食材"：梅花鹿、马鹿、狍子及野猪。这些小动物在没有防备的情况下被拍摄，有的镜头能够清晰地看到它们耳朵附近的蜱虫，虫子已经吸饱了血，鼓得大大的。

最辛苦的莫过于几个俄罗斯摄像小哥。他们跋山涉水带着机器，手眼不够忙活的。这时制片人、导演就会帮忙拿东西，用俄罗斯人的话说，"我们是一个团队，永远互相帮忙"。我时常会被团结的集体精神感动，主动拿些力所能及的物件，科斯佳拗不过我，就说："你拿这个三脚架，比较轻。"这个"比较轻"的三脚架加上罩子也得有五斤，就别说他们要拿的了，队里每个小伙子都干瘦干瘦的。

其实我最想帮助的是俄罗斯编剧小姐姐，她当时正怀孕三个月。搁中国人，这时候绝不会出国出差，更别说去大森林。但她拒绝被照顾，觉得没必要也不专业，即便在泥地摔屁墩儿，也坚持自己爬起来。我这个心呐，紧张！斯拉夫民族的女性太皮实了！我跟人家简直没法比。

我把自己捂得严严实实一整天，晚上发现还是被蜱虫咬了。我被蜱虫咬过的地方，一直有个红点，一年以后红点还在，但我觉得这是大自然送给我最珍贵的礼物。

七月的山林空气超级清新，风较凉，水也凉。工作一天，隔着皮靴脚丫子都不暖，有的人的裤子湿透，脚浮肿发白，因为鞋里进水泡了一天。穿雨衣的人好一些，手臂划伤也少。天色渐晚，回去的路变得难认。

在城市里辨别方向的能力，我能排前三；在森林里没有方向，跟着走吧，却突然觉得脚下的路不对劲，哪走过这么宽的路啊？赶紧喊停。

几个人高声叫，又不敢放开声，怕招来小动物。队长发现我们跟丢了，回来找，说这条路是老虎走出来的，所以比较宽。

出山林，像钻出魔法世界，身后的冷空气留在原地。有点山中一天，世间一年的感觉。该吃饭了？不可能的，晚饭通常在十点左右。整队、整理素材、补拍采访镜头……每天光收拾拍摄设备，至少两个小时，还不说实打实的拍摄。

好在今天翻译不费嗓子，不允许大声说话，平时早喊破喉咙了。

拍了好几天东北虎豹相关研究员、研究院、室内外作业，明天该坐火车去长春了，导演在门口抽烟。

我问他："你觉得这几天有意思吗？"

"可能这辈子都不会再来这个地方，值了。"

"东北虎这个题材有意思吗？"

"等着看片子吧，保证特别棒！"

追寻东北虎

梁书洋 《这里是中国II》现场制片

看着窗外的村庄越来越少，林子越来越密，路走起来也更加泥泞，我知道此次的目的地已经相距不远。来之前，在当地林业部门同志的指导和帮助下，团队已做好足够的准备：驱虫药、雨衣、雨靴、食物，以及驱逐野兽的燃烧烟雾。一系列的保障用品已经准备齐全，但此时队里队员的表情却没因为这些而变得轻松。因为我们即将面对的是陆地上现存最大的猫科动物——东北虎。

第一季时可以在室内拍摄憨态可掬的大熊猫，现在我们将在东北虎生活的深山中进行拍摄，前方到底有什么在等待着我们，我们一无所知。

北京的功课

在到达珲春前，我们已经采访过北京师范大学东北虎豹研究中心的相关学者和专家。通过与他们的交流，我们大致了解了东北虎的习性：昼伏夜出、动作敏捷，在丛林中出没无常，一般人很难亲眼看到野生东北虎。

根据国家林业和草原局东北虎豹监测与研究中心副主任王天明的介绍，我们知道东北虎作为生态金字塔顶端的物种，在整个生态系统存在的意义。它的存在维持着东北地区广茂森林里一个健康的生态环境，使这片森林能够长期存在下去；有它的存在才意味着生态系统得以真正恢复，生态建设才可能真正成功。截至目前，中国境内野生东北虎的数量已不足 30 只。我们应该意识到：想要拥有一个稳定、健康的生态环境，光靠植树造林是远远不够的。在这片森林里的"住客"也是需要我们关注的。

采访过后，我们跟随王主任来到监控室。通过智能化的监控系统，在大屏幕上就可以监测到野外东北虎的行踪。屏幕上的每一个点，都是野外科研人员根据东北虎的踪迹安装的户外监视器位置。每当有动物从监视器前路过，带有红外系统的摄像机就会启动进行拍摄，再将视频传到监控室内的系统，最终投放到眼前的大屏幕上。

王主任得知我们要进行实地拍摄，就向我们推荐了他们在野外进行东北虎研究的地点：吉林珲春东北虎国家级自然保护区。他说，在保护区拍摄，最大的威胁并非东北虎，而是恶劣的自然环境。很多地方都隐藏着未知的危险。王主任跟我们聊起东北深山中的环境，我们去的季节刚好蚊虫比较多，要小心留意一种很小的昆虫——蜱虫，这种昆虫如果钻到人的身体里，极易让人患上森林脑炎。

东北虎脚印

我们先从北京到达延吉，然后坐车前往珲春。

在当地林业部门的邀请下，我们来到吉林珲春东北虎国家级自然保护区管理局，工作人员向我们介绍了当地已发现东北虎的数量以及它们的分布情况。

一切准备就绪后，我们正式出发！

随着窗外村庄越来越少，林子越来越密，路走起来也更加泥泞，我知道此次的目的地已经离我们不远。我是组里年龄最小的，也是第一次进入这么深的林子，不免有一些恐慌。

"停！"朗建民主任好像发现了什么，让整个车队都停了下来。

"快看，这应该就是昨天下雨老虎留下的脚印。"朗建民主任平静地说道。听到这句话后,我连忙环顾四周,看来我们已经进入了东北虎平时居住的林子。我们跟着这些脚印一步一步走进林子更深处。

我们来到一条小河边,现在需要蹚过这条小河,去山上的林子里。而这次本就不应该进山的准妈妈编剧奥莉嘉,因为自己肩负责任,执意要跟随我们一同进山。大伙劝不下她,只好让她跟我们一起。

穿上皮袄子和雨衣就要进山了。

小河不是很宽,但水流很急;水很清,完全可以看到水底,一块块鹅卵石在水流的冲刷下变得非常圆润,这给我们过这条小河增加了很大的难度。我们跟随保护局的科研人员刚蹚过小河,岸边湿滑、险陡的小坡又给我们制造出新的困难。

我们走在森林里,将要去科研人员曾经安装摄像头的地方,看看最近有没有新的收获。到了林子里,我们已经忘了最开始所

遇到的困难，以及这森林里的霸主——东北虎。

保护区的景色美极了。林子很密，树很高。阳光从树缝间照射下来，洒在林中的小溪上。小溪却被圆润的大石头切割得弯弯曲曲，而这些大石头也在小溪的滋润下披上厚厚的苔藓外衣。我们掀开密枝，跨过小溪，终于找到科研人员安装在密林深处的监视器。

导演安排了几组镜头后，我们终于看到了这台摄像机最近拍摄的镜头。

"真的有老虎！"

我们看到摄像机中导出的视频。视频上的日期就在近几天，看来老虎最近在这附近活动过。这台摄像机不仅拍摄到了东北虎，而且记录了东北豹、熊、梅花鹿、野猪的珍贵镜头。

一天的努力没有付诸东流。虽然我们没有遇到真正的东北虎，但是发现了东北虎的踪迹，这就是一个好的开头。

第一天拍摄非常顺利，这让我们士气大涨。所以，第一天拍摄结束后，导演和主创团队直接找到了第二天将要拍摄的主人公——北京师范大学研究东北虎豹的副教授冯利民。我们互相表述了彼此的想法，冯主任也跟我们说了他明天的工作内容和要去的地点。就这样，我们各自都去为明天的拍摄做准备了。

红外摄像头

昨天还是晴空万里，今天的天气却说变就变了，整个天都阴沉沉的。但我们并没有因为天气恶劣而终止拍摄，一大早，开车接到冯主任和他的助理后就出发了。等开到冯主任给我们安排整顿的地方，雨已经哗哗地下开了。他们拿上设备，准备在林子里安装与国家林业和草原局东北虎豹监测和研究中心连接的摄像头。整顿完毕，司机师傅开着车便带我们进入了林区。

林中的山路并没有想象中那么简单，一路颠簸我们总算到了目的地。有很多国家林业和草原局东北虎豹监测与研究中心的研究员在这里做科研工作。我们跟随冯主任进了林区，看着这些研究员手里拿着精密的仪器在林间穿梭、测量，非常严谨。

冯主任带我们去了这次准备安装红外摄像机的地方。最近，有人在这里发现了老虎的踪迹，所以这里就成了一个研究东北虎习性的重要地点。安装摄像头的山很陡，再加上下雨，山上的路就显得格外湿滑。

摄像头安装在一个非常结实的树干上，冯主任对它进行了调试。在我们即将下山的时候，冯主任的助理发现随行一位小记者眼袋位置有一只蜱虫，它正准备钻进去。他眼疾手快，直接用指甲掐住蜱虫的屁股，迅速一拽，蜱虫被揪了出来！有惊无险。

在回去的路上，组里的每一个人脸上都挂着倦意。拍摄时间很紧迫，每一步都是艰难的一步。

曾经的绥阳猎人

究竟发生了什么，竟然让一名优秀的猎人放下手中的猎枪，成为一名保护区的巡护员？为了探秘这件事情的始末，我们这一组从吉林珲春到黑龙江东宁的绥阳镇，跨越数百公里，来到了黑龙江省绥阳林业局暖泉河林场，探访这个事情的主人公——老梁。

第一次见到老梁，大家都以为他只有30来岁，当他告诉我们他的真正年龄是50多岁的时候，我差一点惊掉了下巴，对他的称呼不得不改成"梁老"这样的敬称。

通过与梁老的采访，我们得知他年轻时曾经是一名出色的猎人。但在一次野外捕猎的时候，他被一只熊袭击。虽然梁老当时通过自身的实力和手段，杀掉了那只熊，但是当他看到被杀的那只熊的窝里爬出来两只小熊的时候，他才知道，原来这只熊妈妈是在保护自己的孩子。

看着两只嗷嗷待哺的小熊，梁老心里非常不舒服。就这样，梁老把小熊带回了家细心照顾。他也因为这件事，逐渐转变了观念，放下手中的枪，成为一名林区的巡护员。直到现在，已经退休的梁老还要每天走上二十多公里，以自己的方式守护着这片再熟悉不过的山林。

梁老带领我们来到中俄边境珊布图河边，这里是东北虎和东北豹的通道。他说，动物是没有国界的。为了保护它们，中俄两国应该共同努力。当然，现在东北虎的生存环境已经得到了很大改善。

摄制组拍摄梁老的最后一个镜头时，大家都很动容。他是一个非常实诚、洒脱的人，他明明可以有更多的选择，而他却选择了这山沟沟里的青山绿水。他因为爱开始，也因为爱坚守。只有对大自然抱有一份爱，才能得到大自然的庇护。

曾经由于自然生态受到破坏，野生东北虎已经在我国近乎绝

迹。随着政府和更多人的关注，近年来生态环境终于好转，东北虎的种群数量得以逐渐恢复。在吉林省的东北部和黑龙江省的东部森林，野生东北虎正在上演"王者归来"。

　　至此，我们在东北原始森林里，历经恶劣气候和蜱虫叮咬的考验后，圆满完成了拍摄任务。《这里是中国》第二季的拍摄也将画上圆满的句号。

　　近两个月的奔波，大家都显得非常疲惫，但面对离别，每个人脸上都挂着不舍。我们怀着期待，期待来年的再次合作，期待《这里是中国》第二季圆满播出。

探秘张家界

探秘张家界

"张家界本身就是最好的创作者和最伟大的艺术家。"

张家界，位于湖南省西北部。1994年以前，这里曾被称作"大庸市"，"大庸"的称呼最早可以追溯到春秋时期的古庸国，古称"上庸"。1994年，国务院批准将大庸市更名为张家界市，以这座城市内中国第一个国家森林公园——张家界国家森林公园命名。"张家界"之名，最早见于明崇祯四年（1631年）《张氏族谱》序言。序言的作者叫张再昌，是永定卫大庸所指挥使张万聪的第六代孙。明弘治年间，朝廷见张万聪镇守有功，将今张家界国家森林公园一带"山林之地"作为封地赏赐给他。于是，他举家上山守业经营。后来，这一带成为张氏世袭领地，便被叫成了"张家界"。截至20世纪末，张氏子孙在此已历十七代，人口近千人。

今天作为旅游地标而广为人们所熟知的"张家界"，是指张家界市境内的武陵源风景名胜区，由张家界国家森林公园、天子山自然保护区、索溪峪自然保护区和杨家界四大景区组成，是中国首批入选的世界自然遗产、世界首批地质公园和国家首批5A级旅游景区。

张家界之"奇"

何银生是张家界国家森林公园黄龙洞景区的管理者，他如父亲般珍视、呵护着景区内的一草一木。他的日常工作包括给乌桕树松土施肥，给银杏古树修剪枝叶，在公园里补种一些黄杨，等等。看似平凡的工作背后其实是人与古老自然的交流。乌桕树被称为生命之树，它的种子可用于榨油、制糖、入药，其炼出的油还广泛用于化妆品中；银杏是世界上存活不多的古树之一，被植物学家叫作"活化石",在冰河期几乎绝迹。所幸,银杏在中国境内存活了下来。就连景观用途的黄杨,也有着医用价值。对公园中一草一木的关照,都是对自然的敬畏。这几天,何银生在巡查中发现,罗汉松似乎遭到了病虫害。他担心虫害有传染性,于是修剪了几株植物标本装进标本袋,准备送去实验室详细研究。这些工作虽然琐碎,但对何银生来说意义重大。对张家界,他有很深的感情,张家界就是一块绿色宝地,"要时时刻刻呵护它们的成长,像爱护我们的眼睛一样去保护它们"。

丰沛的降水、充足的光热、奇特的地形地貌以及较好的生态环境保护和较少的人类活动,造就了张家界这座自然资源的宝库。武陵源风景名胜区森林覆盖率为85%,张家界国家森林公园的森林覆盖率更是高达98%,被称为"自然博物馆和天然植物园",形成了完美的自然生态系统。仅木本植物,张家界就有106科320属850种,比整个欧洲还多出一倍以上。张家界还有国家级保护植物56种,包括珍奇树种银杏、珙桐、红豆杉等。

除森林资源外,张家界还蕴藏着丰富的水资源、植物资源和动物资源,走进张家界,就仿佛走进了艺术的长廊。奇峰巧石、花草林木、

《我和我的祖国》灵感来源

《我和我的祖国》为秦咏诚作曲,张藜作词。曲谱完成后,张藜一直没有找到灵感。直到八个月后的1984年中秋节,张藜与张家界的一次邂逅,才成就了这首传唱至今的经典之作。

1984年农历八月十四,张藜参加采风活动,来到张家界。当晚,他入住大庸县(今永定区)南门口的招待所。第二天清晨,张藜推开房间的窗户,潺潺的流水、炊烟袅袅的村庄、秀美的天门山映入眼帘,一时间万种情绪涌上心头,灵感瞬间迸发。"我和我的祖国,一刻也不能分割",这两句让张藜憋了大半年的开篇之句终于成形。之后,张藜用了不到二十分钟的时间便填完了整首词,一气呵成,一字未改。根据张藜夫人杨阜兰的回忆,张藜当时对张家界的景色感到震撼不已,这也激起了他心中对祖国深沉的爱。

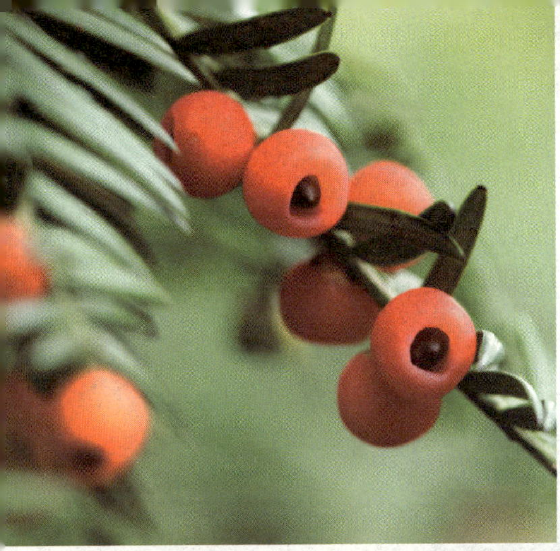
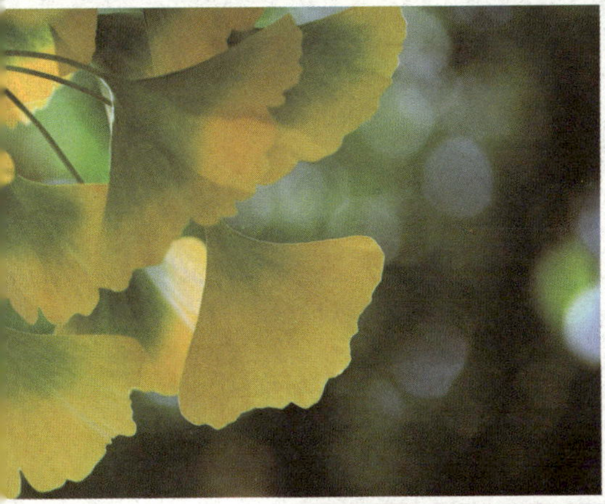
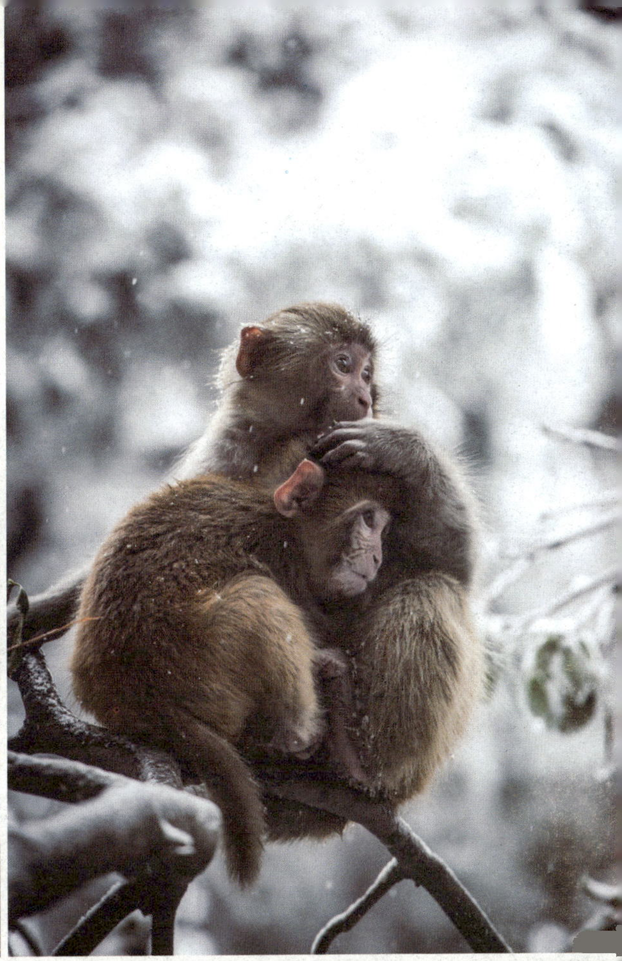
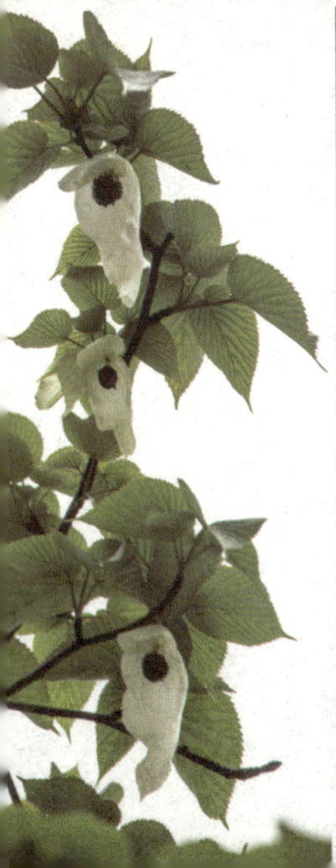
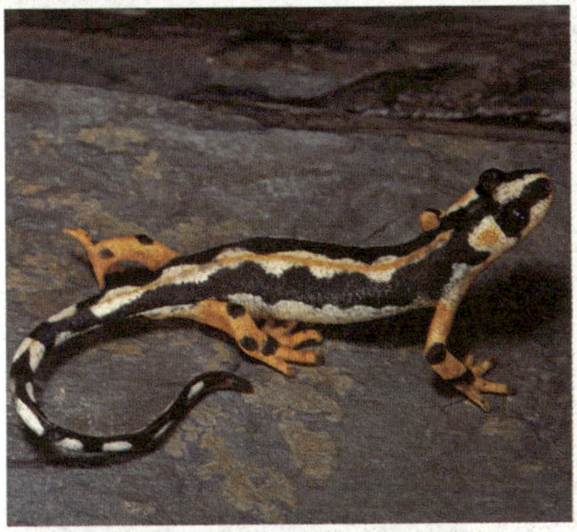
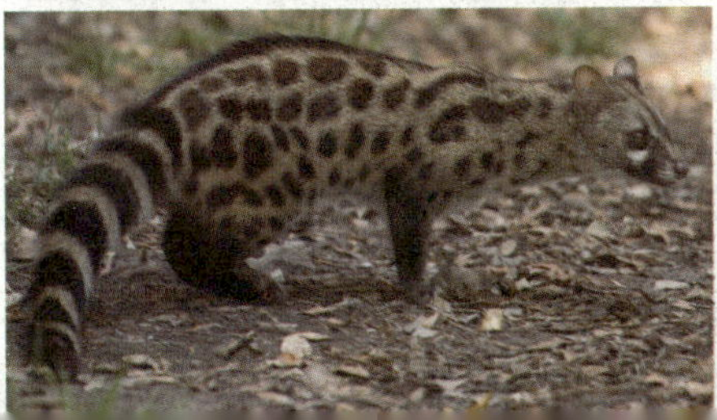
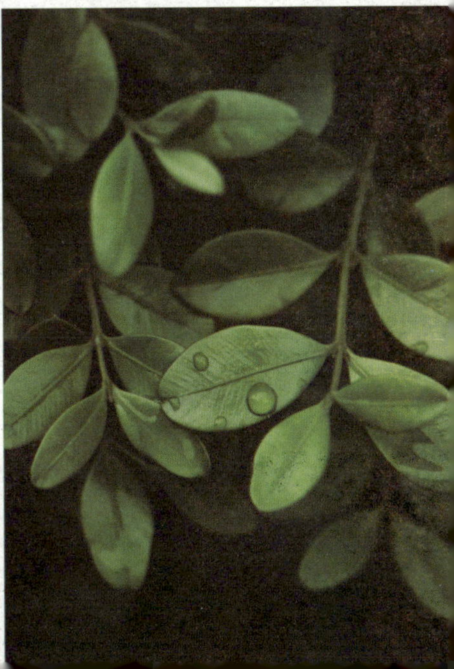

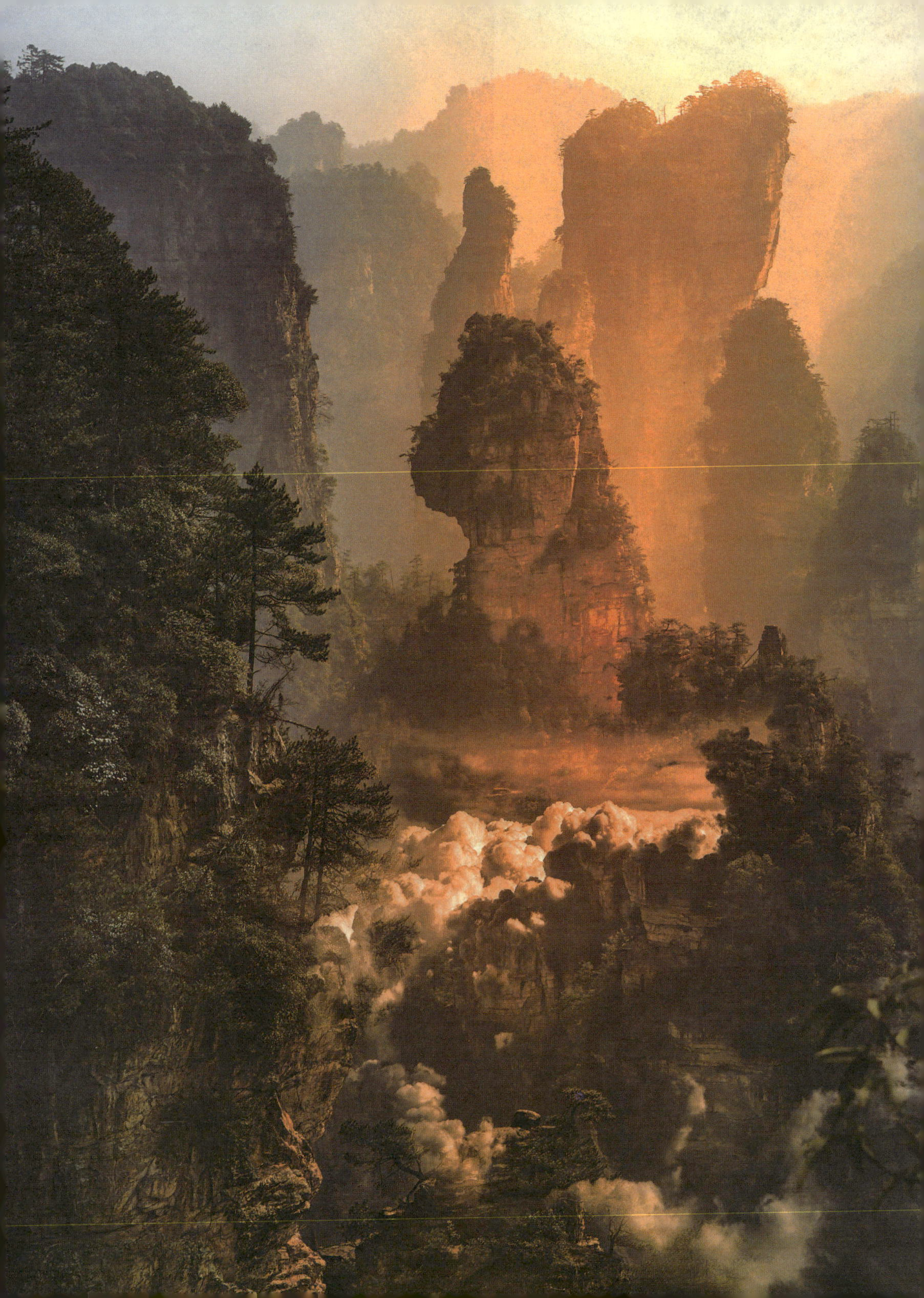

珍禽异兽与丽水清泉相映成趣，令人目不暇接。

在远古时期，张家界曾是喧闹的汪洋大海。在板块运动的作用下，亚欧板块西南部分开始隆起。等到海水退去，崎岖的海底也就显露出来。由于海洋的沉积作用，这一带形成了广袤且深厚的石英砂岩。石英砂岩质硬而脆，容易被侵蚀，又能很好地保留侵蚀后的样子。就这样，它们一五一十地把自然对自己的雕刻生动地记录下来，形成了千变万化、形态各异的石峰。后人在此基础上，凭借天马行空的想象力，为它们取了一个个生动又贴切的名字——金鞭岩，峰体四棱分明，棱面布满节理横纹，形成鞭节，浑如一根竖插大地的长鞭，每当夕阳晚照，鞭身涂金，瑰丽夺目；南天一柱，高300米，一头托住云天，一头稳扎大地，挺拔坚实，如擎天柱石穿过南天门；天桥遗墩，六座高200多米的圆形石柱一字排开，从第一石柱开始依次升高，从第四石柱开始又逐次降低，联成一道拱形弧线，极像一组桥墩……这种以石英砂岩为成景母岩，由流水侵蚀、重力崩塌、风化等作用力形成的以棱角平直、高大的石柱林为主的地貌景观，被称作"张家界地貌"。

石峰高耸伫立的山间，常常会出现云瀑、云海等山区特有的气象奇观。其中最著名的要数天子山云瀑。在斜雨骤至、风神疾走之时，大块大绺雪白的浓云犹如巨大的水

瀑布云的形成

张家界天子山瀑布云十分壮观，初次看到的人，往往为其神奇和壮观所震撼。

瀑布云又名云瀑，是流云在垂直方向上的一种动态景观。当流云顺着风向在飘移的过程中遇到山口、悬崖或翻越山岭时，就会由于重力作用跌落，像水一样倾泻而下，形成云瀑。云瀑在下沉时随着温度的升高而逐渐消散。云瀑一般发生在早晨或雨后初晴的夜晚，特征为从高处往低处倾泻，或在峡谷之间流动，借风力以显示其"飞流直下"的气势。

流，从天际沿着峭壁飞流而下，落到半山腰以后，又猛地收住，似水流一般溅开腾起。场面壮观激昂，惊心动魄。

奇绝的自然地理景观还让张家界成了电影导演的灵感缪斯。《阿凡达》里的"哈利路亚山"、《大闹天宫》中的"花果山""水帘洞"、《西游记之大圣归来》里的魂山仙境等，无一不是在张家界取景。亦真亦幻的人间仙境出现在大荧幕上，令观众得到了极大的满足。

天门山之"险"

天门山，古称云梦山、嵩梁山，主峰高达1500米，是张家界永定区海拔最高的山，因自然奇观天门洞而得名。公元263年，因山壁崩塌而在山体上部洞开一门。天门洞位于海拔1260多米的绝壁之上，南北对穿，门高131.5米，宽57米，深60米，拔地依天，宛若一道通天的门户。山上古树参天，藤蔓缠绕，青苔遍布，石笋、石芽举目皆是，处处如天成的盆景，被誉为世界最美的空中花园和天界仙境。

天门山拥有奇险的观光路线。无论是悬于峭壁之上的鬼谷栈道、凭空伸出的玻璃栈道，还是贯通于山体内部的穿山电梯，无不在考验着游客的胆量。站在半空中俯瞰群山，身边雾气盘绕，脚下云海翻腾，放眼望去是没有边际的绿野，成群的小鸟在峡谷中嬉戏，偶尔有老鹰从眼前掠过，闭上眼，挺着发麻的双腿，带着急促的心跳，伸开双臂，"会当凌绝顶，一览众山小"的感觉油然而生。

天门山索道斜长7455米，上、下站水平高差1279米，是世界最长的单线循环脱挂抱索器车厢式索道。由于索道沿线山体高绝奇险，地质地貌复杂多变，施工难度远远超乎一般。建造过程历时两年多，耗资2.2亿元，光是轿厢，单个造价就高达20万元。索道6米/秒的运行速度设计、1000人/小时的单向运量、38度的最大斜度，在国内乃至全世界都属罕见。为防意外，索道在57个支架中特别增设了3个救护支架，在索道突然处于全面瘫痪时会立即

天门洞是怎么形成的？

天门山最大的奇观就是天门洞，这是一个罕见的高海拔穿山溶洞。

它出现在三国时期，在三国之前，天门山叫作嵩梁山，在天门洞的位置还只有陡峭的山壁。1700多年前，峭壁突然崩塌，出现了一个巨大的溶洞。当时吴国的皇帝孙休认为这是上天开辟的天门，是赐给吴国的吉兆。因此孙休下令，将嵩梁山改名为天门山，并专门划设天门郡。

其实，这是喀斯特地貌的普遍特点。张家界一带的地质环境中沉积岩居多，容易受风化侵蚀。在千万年里，天门山的山体一直都在不断剥落，从而形成陡峭的山壁。而这样的外力侵蚀和山体剥落达到一定界限，就会突然大规模崩塌，从而出现某些奇形怪状的山体造型。

执行水平救护或垂直救护方案，将游客安全救护至地面，这是世界索道中最完备、最先进的一套救护系统。天门山索道以张家界市中心的城市花园为起点，直达天门山顶的原始空中花园，犹如一道彩虹飞渡"人间"和"天上"，是天门山旅游风景区"四大奇观"之一。

除索道外，追求刺激的人更愿意将最长、最高的玻璃桥称作张家界的标志。这座玻璃桥也被叫作惊恐小路，于2016年8月对外开放。玻璃桥建筑在300米高的深渊上，全长430米，宽6米。玻璃桥使用特别坚固的钢结构，桥面铺设99块夹胶玻璃，能同时承受800人的重量。天门山曾见证了来自世界各地的极限挑战。近几年，天门山景区举办了高空走钢丝挑战、翼装飞行世锦赛、汽车漂移赛、动力伞特技国际大师赛等多项传奇挑战活动，成为闻名中外的极限挑战胜地。多个国家的各类极限挑战高手都纷纷自发来到天门山，想在这里留下自己的传奇故事。2006年3月，俄罗斯空军特技飞行表演在天门山上演。重型战斗机苏-27、苏-30激情谱写惊天传奇。2011年9月24日，世界最顶尖的翼装飞行高手杰布·科里斯身穿翼装穿越天门洞挑战极限。2012年7月22日，有着"法国轮滑变

玻璃桥为何碎而不破

在张家界的大峡谷，有一座玻璃景观桥，它可以抗住30多人用铁锤猛砸，裂而不破，也可以经受一辆两吨重的车碾压。印象中脆弱的玻璃如何可以这么坚强？这源于它使用的三层夹胶钢化玻璃。

钢化玻璃相当于将普通玻璃"淬火"——将普通玻璃加热到接近软化再急冷，效果类似于给钢淬火，有利于加强其强度。破裂后的碎渣几乎都成为类似蜂窝状的钝角碎小颗粒，不容易造成割伤或划伤。夹胶玻璃的雏形就是汉堡——通常是两层玻璃中间夹一层透明的有机胶片（常见为PVB，即聚乙烯醇缩丁醛），经热压黏合而成，在遭受较大的冲击或较剧烈的震动时，即使玻璃破碎也可以被中间的夹膜黏合在一起。

形金刚"之称的法国轮滑大师让伊夫·布朗杜,不采取其他任何防护措施,仅穿自己特制的轮滑服,挑战天门山 99 弯通天大道,从天门洞滑下,时速超过 90 千米……天门山一次又一次让世界记住了自己的奇幻险绝。

砂石画之"美"

土生土长的张家界人李军声只要一有时间,就会沉浸在和谐的大自然中,为未来的画作收集景观素材。由他创始的砂石画带有张家界独有的泥土芳香——他把张家界的天然砂石、树皮、苔藓等原料磨碎,做成了绘画颜料。在他的画笔下,张家界的山水人物、天地灵气无不入画,秀美的山水风光和独特的民族风情跃然纸上。

砂石画起源于天门山,是利用自然砂石、植物粉末等天然材料粘贴成画作的一种新型画种。砂石画突破了传统绘画用材,以

自然表现自然，用对象描绘对象，将中国画的神韵、水彩画的清新、油画的凝重、工艺画的精巧以及半浮雕的立体感集于一身。既汲取中国画的构图和意境，又融入西方绘画的光影与色调，具有强烈的视觉冲击力。又因其作画材料源于自然，无任何污染，所以有"绿色画种"和"环保画种"的美誉。

李军声说："我的灵感来源就是大自然，大自然既是我的恩师，也是我的创作伙伴，我们共同创作。她本身就是最好的创作者和最伟大的艺术家。"《湘西之魂》《土家山寨》等作品，均是他汲取湘西精华的成功之作。

在这片美轮美奂的风景区，每天都有成千的旅游者流连。大自然一方面慷慨地向游客展示着它的绝美，另一方面又在悄悄地给予李军声提示，哪些景物值得留意，时间会给出画稿。"一块石头在他人看来可能寻常，但它的肌理和颜色在我眼中呈现出来的却是一幅画作。我要用绘画把我的想法和自然界的绘画语言结合起来，让观众也可以欣赏它的美。"李军声把一切具象、抽象的题材均纳入砂石画的创作范围，他的砂石画作品以淳朴、自然的特色备受青睐，成为众多收藏爱好者的心头之好。

　　李军声和张家界融为了一体，这就是张家界的神秘魅力。在这里，人与自然交融，共同创作出属于自然界的瑰丽画卷。

桑植县之"情"

　　除了自然风景,张家界还是一个多民族的聚居区,有33个少数民族世代聚居于此,形成了丰富而又独特的少数民族特色风情和人文景观。

　　白族是中国最古老的民族之一,主要聚居在云南大理一带。700多年前,一部分白族先祖迁居到桑植繁衍生息,使这里成了全国第二大白族聚居地。李广是湖南省桑植县的白族农民,平时他在地里干活,妻子就在家里照顾孩子,做传统的手工艺活。他们穿着民族传统服装,这是村中的习俗,妇女们穿着特色的衬衣和外裙,有时还会佩戴传统头饰。她们的衣服上,刺绣图案花样繁多,内涵丰富:茶花象征着吉祥如意,桃子象征着长寿……这些无不寄托着白族人民对生活的美好向往。

　　白族人的节日颇具仪式感。端午节到来之时,李家已是高朋

满座。按照传统习俗，邀请家族长者坐镇宴席主位，亲朋好友欢聚一堂，享用鱼米盛宴。李广从池塘中抓来一条鲫鱼，搭配上张家界特有的药草，以传统古方烹制，饭熟可闻到扑鼻而来的香草气。在温暖的灯光下，氤氲的热气间，亲友欢聚一堂，举杯共祝佳节，便是生活中最幸福的时刻。桑植县的历史可以追溯到旧石器时代。早在原始社会晚期，先民就已开始在澧水两岸繁衍生息。现如今，有28个民族在这里长期杂居繁衍，其中白族人口达13万余人，占全县总人口的25%。

酒足饭饱之际，桑植县的人们就会唱起桑植民歌，跳起仗鼓舞。桑植民歌起源于原始农耕时期先民日常生产生活中的歌谣，是桑植县百姓在长期的生活实践中创造、传唱、累积起来的民间音乐文化品种，距今已有2000多年的历史。桑植民歌节奏明快、旋律优美、曲调丰富、形式多样，既有高亢明亮的山歌，又有风趣活泼的小调；既有天真烂漫的儿歌，又不乏自然清幽的摇篮曲，极富有感染力。

仗鼓舞是白族的民族特色舞蹈。桑植白族仗鼓舞讲求舞武同源，受战争和恶劣自然环境的影响，白族人把能陶冶坚强意志、增强体质的武术充分融入舞蹈，如"苏公背剑""野马分鬃"等，动作威猛，又不失舞蹈的细腻。舞蹈节奏明快，粗犷大气。在锣鼓、唢呐等民族乐器的配合下，白族人民把农具和生活用具都作为舞蹈道具，翩翩起舞，自得其乐，显示出古朴的美感。

张家界，这个神奇而独特的秘境，是遥不可及的"潘多拉星球"，更是中国人的"世外桃源"。

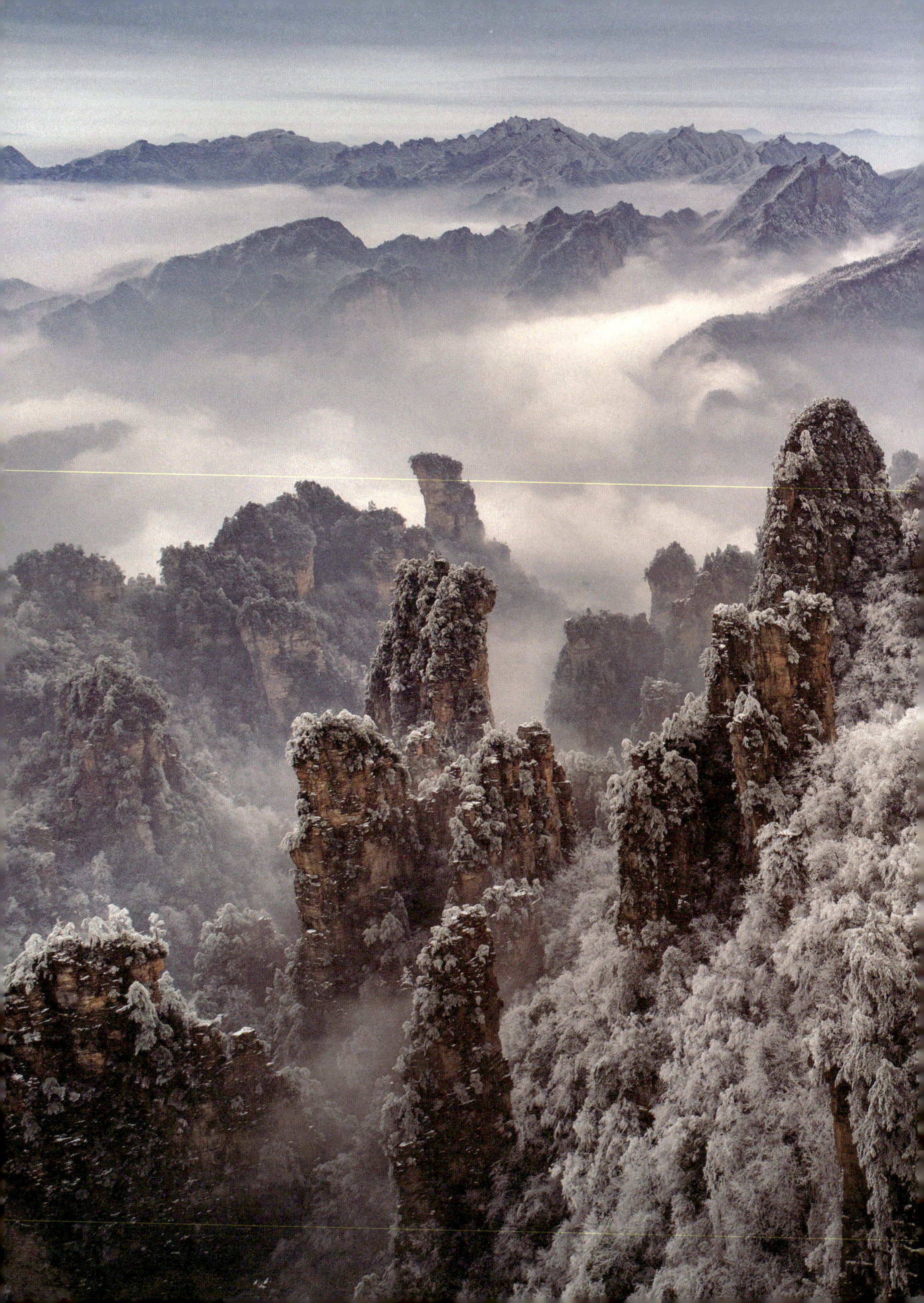

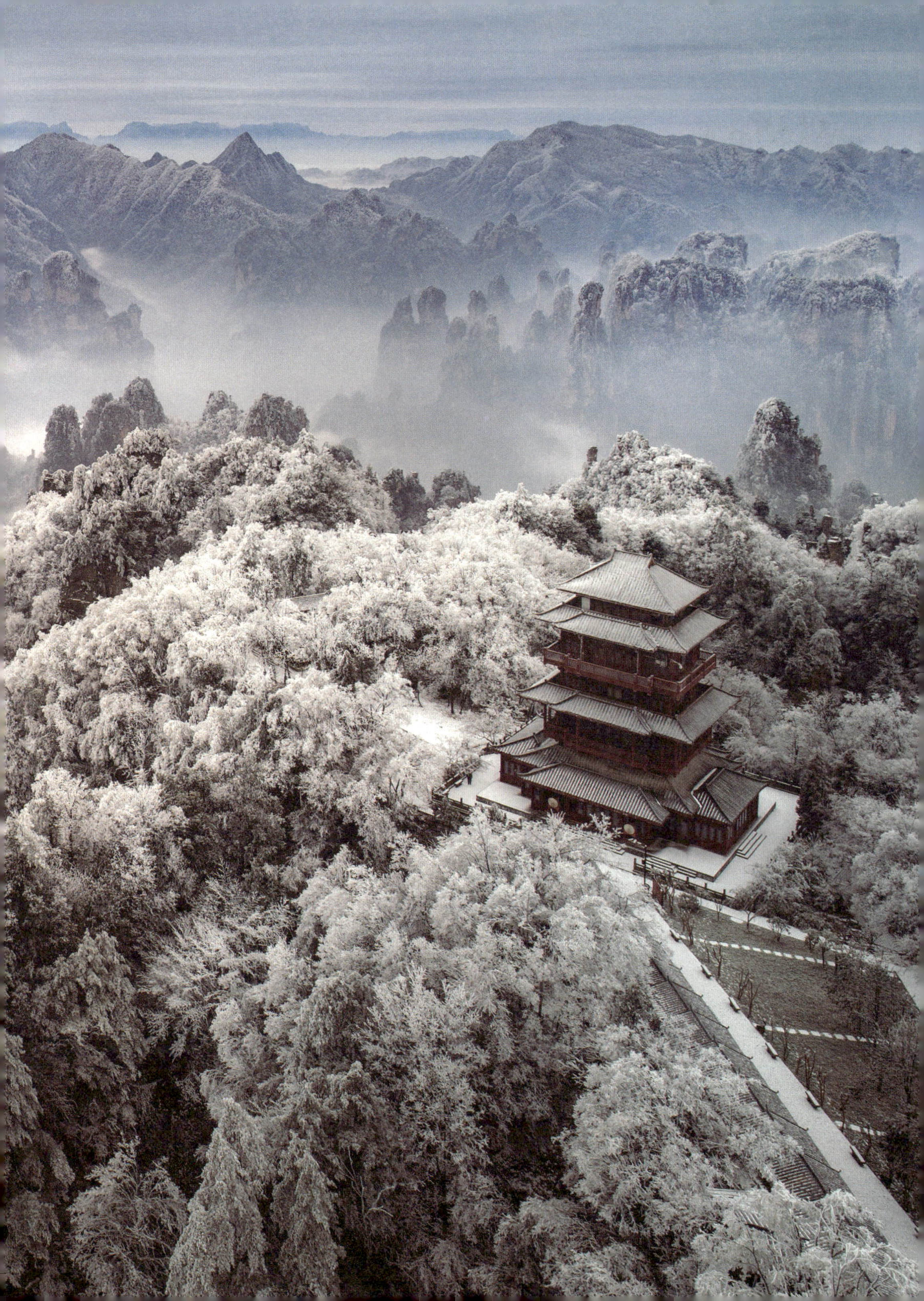

梦想团队——拍摄张家界的故事

李哲雅 《这里是中国 II》翻译

"我已经迫不及待地想来中国。"——导演纳雷克

"你还好吗？疫情是不是会耽误新一季的拍摄？"——录音师谢尔盖

"我很想念你们，替我向大家带好！"——摄影师科斯佳

每次登录 VK 社交媒体平台，都能看到对方的问候和关心，这让我很欣慰。记得俄方导演纳雷克·哈恰图良曾经说过，下飞机见到中方团队的那一刻，如同见到战友一般亲切。自那时起，我们便开始同吃、同住、同工作，同甘共苦，互帮互助。一个多月乃至更久的朝夕相处，自然会产生深厚的友谊。所以即便相隔万里，却仍然彼此惦记，想必这就是"这里是中国"项目的魅力所在。

大巴从森林公园驶回，停靠在军声画院门外的小坡上。盛夏傍晚，与砂石画创始人李军声同名的军声画院门口，两根二人合抱粗细的迎宾石柱像门神一样守护着砂石画艺术的传承与发展。砂石画上面刻着土家族的民间传说、人物故事和民族风情。知了在上空奋力鸣叫，石墙上爬满了茂盛的绿植，大片大片密集油亮的叶子将"军声画院"四字在晚霞的余晖下衬托得格外醒目。

"如果渴了，可以到旁边咖啡店买点喝的。"我说。

"什么？咖啡？太好了，终于把你等到了。"俄方同事如打了兴奋剂一般，惊喜地从座位上蹦了起来，冲进去为每人点了一杯，以解将近一个月没闻过咖啡味儿的"相思"之苦。

此时，吃了几种药都不见效，头还晕晕沉沉的摄影师科斯佳正双腿跪在水泥地上做拍摄前的准备，这是他特有的工作习惯。"你先休息会儿吧，相机给我。"导演纳雷克说完，扔掉手中的咖啡杯看向我，示意让我关注摄影师的病情。

科斯佳是本集拍摄的主摄影师，也是一名90后小伙儿。他干起活来非常专注，爬高上低，精力十分充沛。大家都喜欢他像孩子一般纯真的眼睛和笑声。一点点不起眼的小事，都能让他"咯咯咯"地笑个不停。那笑声就像穿破绿荫的阳光，让大家精神一振。然而，或许是摄制组里紧凑的行程，连日来的奔波，再加上潮湿闷热的天气，当地火辣的饮食，大小伙儿科斯佳病倒了。

怪不得今天早上拍摄时，我就发现科斯佳有些不对劲，拿着机器默默干活，蔫蔫的，垂着脑袋。

咖啡厅老板娘得知他生病，拿出一瓶连我都未曾见过，但据说有立竿见影之神奇功效的感冒药，让我劝他服用。

"别担心，你有救了。"为了减轻他的心理负担，我故意调侃了一下。

"这是什么？如果是抗生素那我不吃。"他从我手中接过药瓶，一边盯着瓶身看一边念叨，就好像他能看懂说明似的。其实别说中文，他连英文都看不懂。

在"战斗民族"硬汉科斯佳眼里，所有的药只分两种：抗生素和非抗生素。因此，剧组好心推荐给他的"特效药"，被他通通拒绝。还好，这次在我给他翻译完药品成分和副作用后，他半信半疑地接受了。

张家界的天气说变就变，时而云雾缭绕，时而艳阳高照，时而又大雨倾盆。有意思的是，在早上拍摄画家李军声到山里采集石头颜料时，这三种天气我们都碰上了。或许，这就是张家界欢迎我们的特殊方式，我想，这种特殊天气也一定给俄方工作人员留下了深刻的印象。

沿着小溪一直往上游走，穿行在峰峦幽谷间。溪水清凉冰爽，鱼虾游弋其中，溪畔花草鲜美，鸟鸣莺啼，这就是李军声的"天然工作室"。

他一如往常在溪边石子路上走走停停，看到中意的"石头"，就会卸下背上的画板，蹲下来，从斜挎的布包里掏出一把小锤子，检验其软硬程度以及颗粒精细度是否符合作画标准。这样一逛就是好几个小时，遇到心仪的风景，他便席地而坐，拿起画笔就开始勾勒画作雏形。

可没过一会儿，天气便开始由晴转阴。不过绵绵细雨并未影响到他创作的热情。此时的李军声似乎已经与自然界融为一体，成了其中的一部分。镜头顺着他仰望的方向看去，只见云雾在峰林间若隐若现，耸立的山峰像宝剑一般直插云霄。有谁能相信，在几亿年前这里曾是一片汪洋大海，后因地壳运动，上千奇峰拔地而起，古木参天，风光美如仙境，野生动植物资源极为丰富，一座巨大的生物宝库就这样诞生了。

　　在车上小憩片刻，科斯佳感觉身体轻松了不少，起身朝楼上走去。军声画院是国家 3A 级旅游区，内部装潢充满浓郁的湘西风情。3000 平方米的三层展厅陈列着李军声几十年来潜心研究与探索的砂石画艺术珍品。但顶楼的工作室鲜有人知，科斯佳推开小屋的房门说："不好意思，是我。我感觉好多了，让我来吧！"他从导演手中接过三脚架和相机，即刻进入专注的工作状态。在这个"秘密房间"里，镜头正在完整地记录砂石画这种在中国土生土长的现代艺术的创作过程。

　　苍劲有力的线条，半浮雕的立体感，未加工的自然原色调，手中滑落的砂石幻化成石柱奇峰瞬间拔地而起，升腾的云雾平铺在山谷里，两岸的翠绿装点着潺潺的流水，这不正是我们脑海中熟悉的采风画面吗？

　　然而，一场令人猝不及防的大雨，让拍摄工作被迫暂停。喧嚣的嘀嗒声反而凸显出这片森林的宁静，只见游客们在雨中狼狈地快速奔跑，我们在岩石底下一边躲雨，一边默默地记录眼前这

一切。

"快进来，你会淋感冒的！"我们大喊着。科斯佳是最后一个护着摄影机冲过来的，他疲倦的脸庞上挂着水珠，袖子裤腿和鞋全湿了。"我在拍水下的鱼虾，所以耽误了一会儿。"听了他的回答，本来准备嘲笑他秒变落汤鸡的我却突然被这种执着感动。

我想，人之所以能取得成就，除了上天赋予的聪颖与灵气，便是这类在科斯佳和李军声身上体现出来的执着精神。技术可能会被超越，但敬业和努力永远会被铭记。

从军声画院收工已是深夜。我们坐上大巴，戴上耳机看着车窗外的匆匆霓虹，享受着忙碌之后属于自己的片刻时光。

张家界是湖南省乃至中国最重要的旅游城市之一。它之所以闻名天下，离不开像李军声这样的本土艺术家走出国门迈向世界，为提高家乡知名度所贡献的力量。但也因超负荷运营，使得当地的环境污染和破坏问题日益突出，可持续发展的旅游模式自然也成为张家界旅游发展的重要方向。说到这里不得不提起这部片子的另一位主人公——何银生，张家界森林公园黄龙洞景区的资深管理者。

新的一天，从他开始。

在俄方团队来华前，其实已在往返多次的书信中，就拍摄主题内容进行过详细沟通与调查研究。但坐在行驶的大巴上讨论接下来的拍摄计划，仍然是《这里是中国》摄制组的一个特有的"怪癖"。

这个临时的"中俄移动会议室"，轧过热闹喧嚣的都市马路，见过海边激起的千层浪花，穿过诗情画意的山水农田，也征服过险峻曲折的盘山公路。

关于如何在张家界森林公园旅游开发与环境保护中寻得平衡，俄方编剧拉了一张长长的采访提纲，想当面请教一下这位公园绿化守护者。

主创人员能正点吃饭的机会寥寥无几。记得有一天中午，工作人员在宽阔的大厅里摆好餐桌、放好餐具，并贴心地倒上饮料，招呼我们去吃饭，却没有一个人过去吃。

真的是很抱歉，《这里是中国》项目组的饭点从来就没准过。因为大家宁愿饿着肚子，也不能辜负了大好时光与壮美河山的拍摄，以及对被采访对象的期待。借用摄影师科斯佳的原话——"时间和光线正一起快速逝去，为了好镜头可以不顾一切。"

给乌桕树松土、给银杏树施肥、补栽黄杨、巡查草木生长状况、标本采集、病虫害原因分析……这只是何银生一天的部分工作内容。

以他为代表的公园管理处高度重视生态建设，注重环境保护,坚持"生态优先,保护第一"的发展理念。4810公顷的张家界森林公园自诞生以来,秉持着"世界只有一个张家界"的战略眼光,无论是园内管理员还是游客都有责任、有义务保护好文化遗产的完整性和原始性,以及森林资源和野生动物的多样性。对历史负责,更是对子孙后代负责。

坐在全长七千多米的高山客运索道上,穿过被云雾轻锁的群山美景,俯瞰蜿蜒九曲的盘山通天大道,层层叠叠的山脉虚实相间,看得见的人间仙境,我们又有什么理由不去呵护和善待呢?

张家界真是一个独特的地方,讲述关于它的"好故事"很多,其中就有《这里是中国》。

"你喜欢拍纪录片还是商业广告片?"

"明年你还来吗?"

在机场送俄方主创团队回国时,我这样问道,虽然心里早已有了答案。

入雅鲁藏布

入雅鲁藏布

『在生命的意义上，人类与其他生物是平等的。』

地球上最后的秘境

在号称"世界屋脊"的青藏高原，有两个世界之最：一个是世界最高的山峰——珠穆朗玛峰，一个是世界最深、最长的河流峡谷——雅鲁藏布大峡谷。大峡谷全长504.6千米，最深处6009米，平均深度2268米，高峰与深谷咫尺为邻，近万米的强烈地形反差，构成了世界第一的壮丽景观。整个峡谷地区冰川、绝壁、陡坡、泥石流和巨浪滔天的大河交错在一起，环境十分艰险。许多地区至今仍无人涉足，堪称"地球上最后的秘境"。

它宛如一个绿色门户，面向着孟加拉湾和印度洋，为来自印度洋的暖湿气流提供了一条天然的通道，使青藏高原东南部形成了世界第一大降水带。巨大的海拔落差又使它具备了从高山冰雪带到低河谷热带雨林等九个垂直自然带，谷底是奇花异草、亚热带雨林，山坡上生长着温带的常绿阔叶林，峡谷的高处则生长着松柏等寒带的针叶树。很多原本不应出现在这里的生物在此栖息繁衍，许多古老的物种在它的庇护下，躲过了第四纪冰川而没有灭绝。他们共生交融，繁衍繁荣，建成一个博大而包容的大家庭。这是名副其实的芸芸众生，是大自然留给人类的一道谜题。

雅鲁藏布大峡谷的发现，被科学界称作20世纪人类最重要的地理发现之一。20世纪末以来，众多科学探险考察队曾多次进入该地区进行综合性科学考察，在地质、水文、植物、昆虫、冰川、地貌等方面取得了丰富的科学成果和数千种标本样品。据统计，这里生长着青藏高原已知高等植物种类的2/3，已知哺乳动物种类的 1/2，已知昆虫种类的 4/5，以及中国已知大型真菌种类的 3/5。科学考察证实，雅鲁藏布大峡谷地带是世界上生物种类最丰富的山地，是"生物资源的基因宝库"和"植物类型的天然博物馆"。

与赤斑羚一起奔跑：探秘加拉白垒峰

在这远离城市的世外桃源中，有一群人在镜头内讲述着中国的生态故事，在照片外展现着对于生态保护的思考，他们的工作叫作生态摄影。生态摄影是一种能够将艺术性、科学性和思想性结合起来的摄影类型。从 2010 年秋季开始至今，一群生态摄影师组成的调查小组，已经四次前往雅鲁藏布大峡谷区域进行考察，他们使用快速影像记录的调查方法，将这里绚丽多姿的生物世界呈现给全世界，为生物科学界提供了丰富的影像研究材料。

藏东南的深秋，是生态摄影师接近大型动物的好时机。由于此时高处的草甸和林带已经枯萎，大型动物一般会垂直迁移到较低海拔的地区寻找食物。摄影师们再次向着雅鲁藏布出发了，大峡谷两侧是高耸的南迦巴瓦峰（海拔 7782 米）和加拉白垒峰（海

雅鲁藏布江的大拐弯

雅鲁藏布江第一大拐弯在派镇转运站与直白村之间，江水自西向东奔腾，在大拐弯处被山体阻挡转而向南，大转弯后继续向东奔去。这是由于喜马拉雅山南坡南北向河流的溯源侵蚀袭夺了北坡东西向河流。

当地流传着一个美丽的故事，传说神山冈仁波齐雪山有四个子女，分别是雅鲁藏布江（马泉河）、狮泉河、象泉河和孔雀河。四兄妹相约分头出发在印度洋相会。雅鲁藏布江在历经艰险后，来到了工布地区，受一只小鹡子的欺骗，以为三个兄妹早已到达，于是匆忙从南迦巴瓦峰脚下掉头南奔，一路的高山陡崖都不能阻挡他的脚步。为早日与兄妹们相会，哪里地势险峻他就从哪里跳下，所以有了这条深嵌在千山万谷中的雅鲁藏布大峡谷和举世闻名的"大拐弯"。

血雉

黄鼬

黑颈鹤

黄腰响蜜䴕

白唇鹿

胡兀鹫

棕尾虹雉

赤斑羚

拔7234米），此次要考察的是加拉白垒峰的北麓。摄影师们渡过平缓的流段，略过山脚的秀丽和柔美，向遍布危险的深谷激流和悬崖峭壁进发。

两亿多年前，这里还是一片汪洋大海。凌乱的石块是造山运动留下的痕迹。作为地球上最年轻的土地，雅鲁藏布大峡谷的生态环境十分脆弱，但因为地形险恶，人类很少涉足。而大自然格外的恩惠，使这里不会缺少生命的迹象。探寻中，一抹红色的身影闪入了大家的镜头——赤斑羚！

赤斑羚又叫红山羊，是青藏高原特有的珍贵品种。20世纪80年代只存留不到2000只，是中国国家一级保护动物。赤斑羚是典型的林栖动物，随季节迁移在海拔1500米到4000米的高山和亚高

116

山的林间。赤斑羚喜欢在山势险峻、水急林密的陡坡上活动，宽大的蹄子适于攀登，它们在悬崖峭壁上奔跑跳跃，如履平地。

　　隔岸守候了一个下午，摄影师记录下了这种珍稀动物的活动影像。动物摄影师徐建在陡峭的悬崖上拍摄到两只赤斑羚——妈妈在给幼崽喂奶。他略显兴奋地介绍道："那座悬崖的角度可能有70度，非常陡，但是赤斑羚能够待得住。它们最典型的生活区域就是在这样陡峭的崖壁上。"

　　赤斑羚的现身给了摄影师们极大的信心。他们决定将营地扎在加拉白垒峰脚下，准备第二天进一步深入大峡谷。越是艰险的地方越可能有意想不到的收获。

　　深秋的寒气刺骨，随着温度降低，空气变得更加稀薄，但丝毫没有影响这里繁茂自由的生命活力。只要耐心守候，就会发现生机勃勃的景象。不出所料，在第二天行进的路上，摄影师董磊发现了羚牛的粪便和足迹。

羚牛

117

羚牛是一种分布在喜马拉雅山东麓密林地区的大型食草牛科动物。这种既像牛又像羊的珍稀动物，春夏生活在高海拔地带，秋冬迁移至人迹罕至的峡谷深处，因此很难与人类相遇。这次获得的清晰影像，将让人们有机会仔细欣赏它们矫健的身姿。

羚牛喜群居，每群约二三十头，多的有五十来头。羚牛体型雄健，性情凶悍，数量稀少，中国仅存数千头，为国家一级保护动物。羚牛分为四个亚种：高黎贡羚牛、不丹羚牛、四川羚牛、秦岭羚牛。由于产地和品种不同，毛色由南向北逐渐变浅。摄影师董磊介绍道："秦岭羚牛是金色的，四川羚牛就比较灰黑一点。但是我们拍到的这个亚种应该是不丹亚种，你看它的头、屁股、四肢都非常黑，我也是第一次见。"

高原的天气变化无常。从峡谷深处返回的途中，人们迎来了入秋后的第一场雪。曾经勃发的植物变得枯萎和凋零，但这给摄影师们制造了开阔的视野，让他们用镜头成功地捕捉到了珍贵的棕尾虹雉。

棕尾虹雉又名九色鸟，是雉科虹雉属的一种，分布于中国西藏南部、尼泊尔等地，是尼泊尔的国鸟。九色鸟非常美丽，尤其是色彩绚丽的雄鸟，头顶有一簇特别长的蓝绿色羽冠，如同丝绒一般，在白雪的映衬下显得格外艳丽。九色鸟生活

生命桥梁：野生动物通道

青藏高原地区野生动物种类繁多。为了在保证人类生活质量的同时，保护好野生动物，经过多年探索，人们开发了野生动物通道。比如青藏铁路沿线，活动比较频繁的野生动物大约有14种。种类不算太多，但数量很多，而且大都是只分布于青藏高原的特有物种。铁路的建设，对这些野生动物的活动会产生不小的影响，特别是具有长途迁徙习性的藏羚羊。2006年青藏铁路通车时，藏羚羊对通道已经非常熟悉，大多数个体仅用半天就可顺利通过。现在，每年穿越青藏铁路野生动物通道到卓乃湖产羔的藏羚羊种群数量已达3万只以上。在火车上观看藏羚羊群，已成为青藏铁路沿线的独特风景。

棕尾虹雉

在海拔2500—4500米终年被云雾笼罩着的高山针叶林、高山草甸和杜鹃灌丛之中，主要食物是灌木和草本植物的嫩芽、嫩叶、嫩枝、块根、果实和种子等。

目前，九色鸟已知数量不足1000只，被列为中国国家一级保护动物。在加拉白垒峰北麓海拔4200米左右的地域，能捕捉到它们的身影十分不易。大自然留给生态摄影师的机会，往往都在转瞬之间。镜头定格的背后，是他们多年深入野外的观察经验、对所拍物种的熟悉认知以及常人无法想象的艰辛历程。生态摄影首先要求拍摄者具有丰富的生态学知识，这样才能捕捉到真正具有科学价值的内容。拍摄者还必须善于与大自然打交道。拍摄常常是在原始森林、荒郊野岭中，摄影师会遇到各种各样的挑战，包括蚊虫叮咬、野兽出没、迷路和恶劣天气等。同时，还需要拍摄者有过硬的摄影基本功。机会来了的一瞬间，根本无法预料动物从哪个方向出现或者哪里是最佳的拍摄角度，背景、光线等因素

藿香叶绿绒蒿

锥花绿绒蒿

高山杜鹃

塔黄

金莲花

都不可预设，所以拍摄者必须对拍摄对象有预判能力，才能够抓住机会。机会总是留给有心人。董磊他们拍下了珍贵的影像。

这一次，摄影师们从加拉白垒峰脚下的峡谷底部，一直到雅鲁藏布大峡谷的入口处，在海拔2500—5000米的区域内，进行了大约一个月的考察。风餐露宿的辛苦换回了丰硕的成果，他们记录下800多种野生动物的影像资料，其中不乏珍稀品种。各种动物和谐共生的美好场景，给人们留下了深刻的印象。

陪塔黄一同生长：记录高原植物

冬去春来，季风雨如约而至。温暖的季风在山间徘徊飘动，生成丰富的水分，滋养着刚刚苏醒的植物根茎。作为地球上海拔最高的地区，青藏高原有着专属的高原植物，而这些正是植物摄影师王辰所找寻的目标。作为一名生态摄影师，即使多次涉足，他依旧无法完整地记录这里的精彩与丰富，因此更加孜孜不倦地来此探索。这次，在海拔4500米左右的草甸和流石滩，他邂逅了塔黄、拟多刺绿绒蒿、金莲花等植物。

塔黄是一种非常特殊的植物，只生长在海拔4000—4800米的高山石滩及湿草地上，分布于喜马拉雅山麓及云南西北。它是单次结实的多年生草本植物，即经过5—7年的营养生长后才开花结果，之后便死去，一生只开一次花。开花以前的塔黄并不起眼，乍一看去，很像一棵大白菜。但是到了开花这一年，它会长出高达1.5—2米的花序，由下向上逐渐变细；花序外面一层一层包裹着大型半透明的奶黄色苞片，其实这是变态的叶。这时候，它成

121

塔黄

拟多刺绿绒蒿

了喜马拉雅高山地区"身材"最高的草本植物，远远望去，好似一座金碧辉煌的宝塔，格外醒目，"塔黄"一名便由此而来。

拟多刺绿绒蒿生长于海拔4700米的山地，是西藏林芝地区的特有物种。它全身都长着黄褐色坚硬而平展的刺，开出的花朵为蓝色或紫色。这种绿绒蒿不能被移植，也不能人工栽培。它如同精灵一般，孤傲地站在荒芜的乱石间，看似娇弱，实则无比坚强。哪怕只有一点冰雪的融水，绿绒蒿也能绽放出奇幻的亮丽色彩。

金莲花是毛茛科金莲花属植物，喜冷凉、湿润环境，多生长在海拔1800米以上的高山草甸或疏林地带。在青藏高原上，金莲花会形成大面积的优势种群。此外，它还是非常好的牧草，高原上不计其数的食草动物以此为食。

在王辰看来，每次探入其他生命的领地，除观感和照片的收获外，还能为大峡谷或林芝地区寻找到更多典型植物。他带着它们的风采，向远方各地讲述着大自然神秘而美丽的故事。

生态摄影师：捕捉生命奇迹

　　进入其他生命的领地，对生态摄影师来说，也许是因为好奇心的驱使和拍摄任务使然。但随着一步步的靠近，他们不断体会到深刻的意义。

　　风光摄影师崔林说："展示美景、让观众有美的感受，这只是风光摄影的一个表层目的。风光摄影更多的应该是传达一种思考，即我们人类如何与自然和谐相处。我觉得自己只是大自然当中很微小的一个分子，在生命的意义上我们与其他生物都是平等的。"

　　昆虫摄影师雷波曾用镜头捕捉过无数微小的生命奇迹，其中

普式拟深山锹甲

墨脱缺翅虫

菌蚊

食虫虻

黑大蜜蜂

就包括墨脱缺翅虫。这是一种非常原始的昆虫，也是人类了解最少的昆虫之一。更重要的是，以往的发现都在雅鲁藏布江的南岸，而雷波的照片意味着人们首次在北岸发现它的踪迹，有关墨脱缺翅虫分布地点的记载也许会因此被改写。

"我们是自然的记录者，而不是标本的爱好者。像昆虫这种微小的生物往往是被大众忽视的，但我们通过镜头把它记录下来，就能让大众感受到它们也是生命奇迹的一部分。"雷波这样看待自己所热爱的事业，"我一旦进入自然的怀抱中，就会产生一种非常平静、非常宁静的心境。而我在城市里面是感受不到这种气氛的。"

昆虫摄影师有时也可能会遇到意想不到的危险。摄影师徐健在这方面有着丰富的经验："我记得有一次是拍黑大蜜蜂的蜂窝，我们拿衣服和布把全身都裹严实了，一拍完赶紧就跑，跑到车上立刻把门关死。"黑大蜜蜂是世界上体型最大的蜜蜂，极具攻击性。它们分布于喜马拉雅山麓，常年栖息在悬崖上，因此又被称为"喜马拉雅悬崖蜂"。意想不到的惊险也往往伴随着意料之外的收获。"黑大蜜蜂的蜂巢是十分巨大的，挂在悬崖上，直径可能有二三米，大概有几十万只黑大蜜蜂在上面住。我们拍摄的时候非常

为什么雅鲁藏布大峡谷也可以见到北极和赤道分布的动植物

雅鲁藏布大峡谷是世界最深的峡谷，它拥有从高山冰雪到低河谷热带雨林等九个垂直自然带，自然形成了生物多样性。其原因在于：首先，它拥有折叠水汽通道，使来自印度洋的暖湿气流在青藏高原东南地区形成世界第一大降水带，并将热带气候带在这一地区向北推移了五个纬度。其次，它拥有折叠山地垂直变化，这里是世界上山地垂直自然带最丰富的地方，也是全球气候变化的缩影。15万年以来，大峡谷地区的抬升速度达到30毫米/年，是世界抬升最快的地区之一。极大的海拔落差使得温度带变化明显，高山雪线之下是高山灌丛草甸带，向下便是高山、亚高山常绿针叶林带，再向下便是山地半常绿、常绿阔叶林带，进入低山、河谷是季风雨林带。

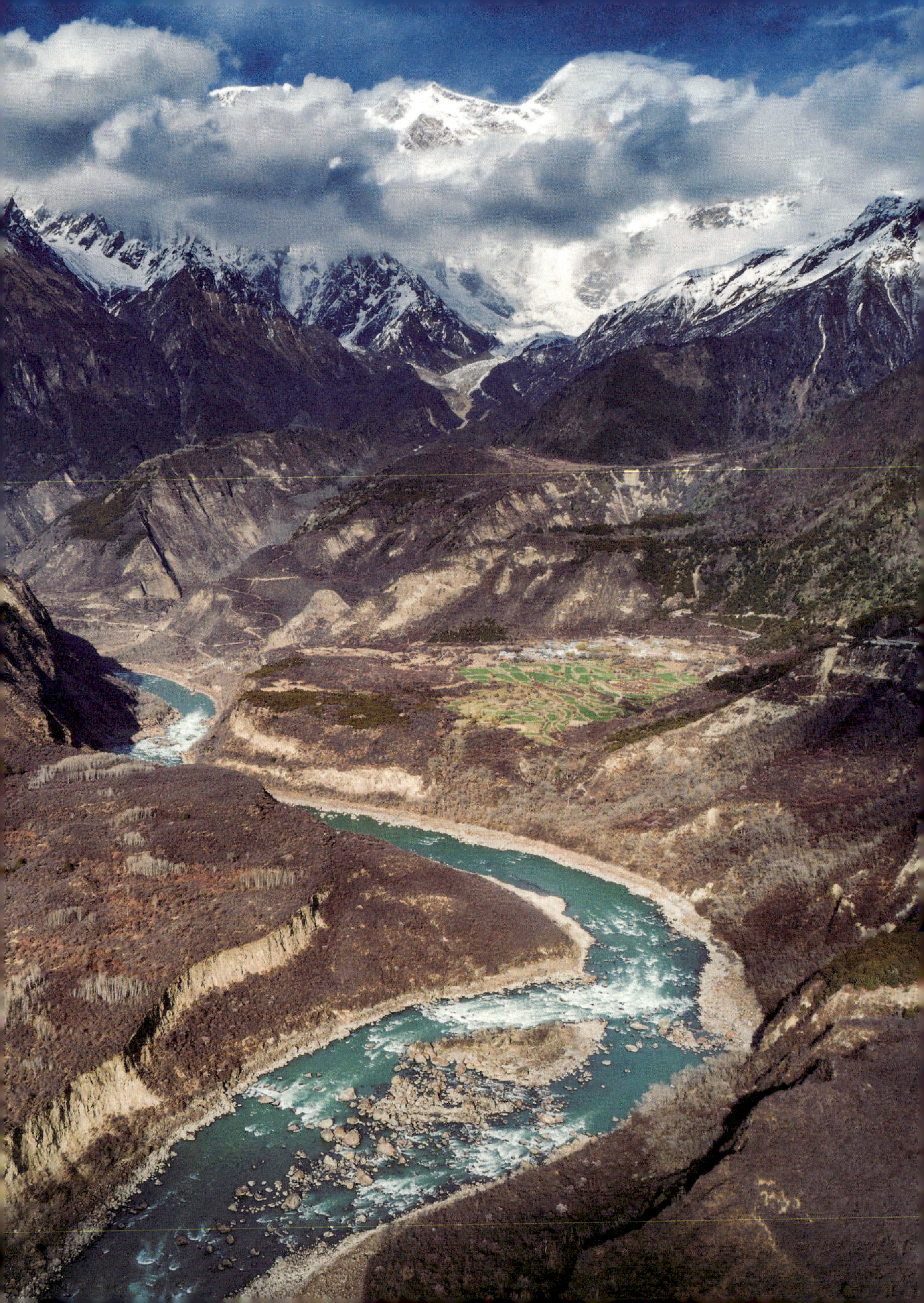

生态摄影师

生态摄影师直接接触原始森林、荒郊野岭，因此要有足够的生态知识，保命的同时也能发现真正的美。但生态摄影的意义深远，照片等影像反映的环境问题能直观地引起人们的警醒和反思。1995年，为保护滇金丝猴的家园，阻止云南德钦县砍伐原始森林，一场自下而上的保护活动展开了，国外媒体报道时称这"将成为中国人环保意识的分水岭"。这个过程中，生态摄影师的几张照片，感染了无数人。除此之外，生态摄影师还为记录研究物种多样性提供了直接的研究资料。

如今，中国形成了以专业摄影师、摄影爱好者、生态研究人员和一线保护工作者为主的生态摄影群体，他们用影像保护自然、用影像填补中国人对自然的认知。

意外地发现了一种鸟，它是专门来吃这个蜂巢的，叫黄腰响蜜䴕。"

这种喜欢吃蜂蜜的鸟在巴基斯坦和印度比较常见，被当地人称作蜂蜜的向导。但在中国却比较罕见。以前这种鸟的分布是在喜马拉雅山南坡，而此次发现它的位置，距离南坡翻脊线已超过500公里，这是一个非常有意义的记录，并且可能是中国首次影像拍摄。回忆起当时拍摄的时候，徐健依然非常兴奋。

西藏生物影像调查创意人罗浩认为，生态摄影意义重大："我们今天可能费尽千辛万苦地去找一种动物、找一种植物，但是对今后来说，这些资料可能就是宝贝。万一它以后没有了呢？那么我们就为这些曾经存在过的生物留下了珍贵的影像。"

年复一年，雅鲁藏布大峡谷的时光走得缓慢，但并不因此而苍白。

不论是否是人类足迹可以到达的地方，人类对大自然都有太多的未知。每一片叶，每一朵花，每一滴水，映射出的都是一个新奇的世界。雅鲁藏布大峡谷这座高原上的生态乐园，在漫长的岁月中悄悄绽放着孤独、瑰丽而又奇异的光彩。

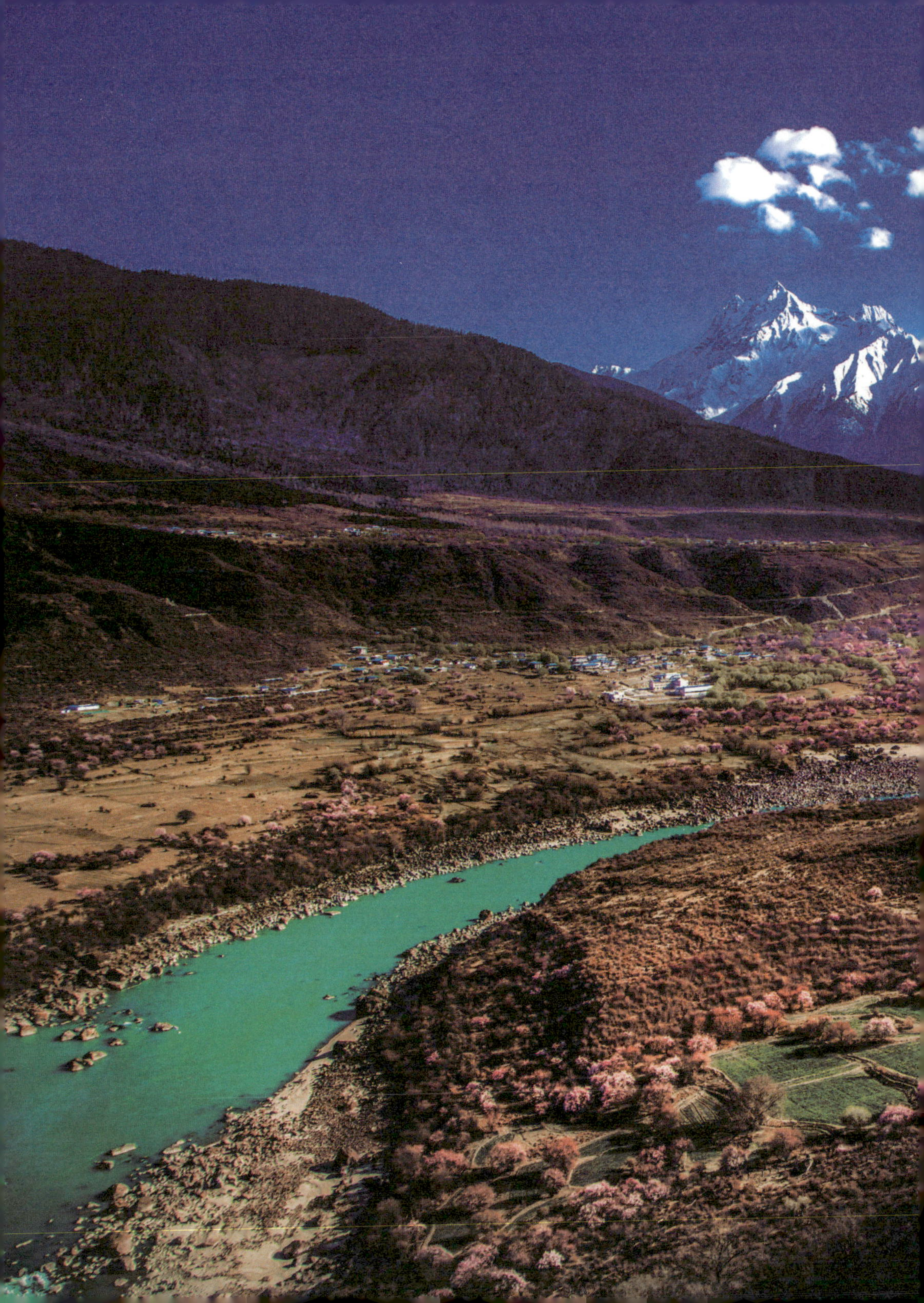

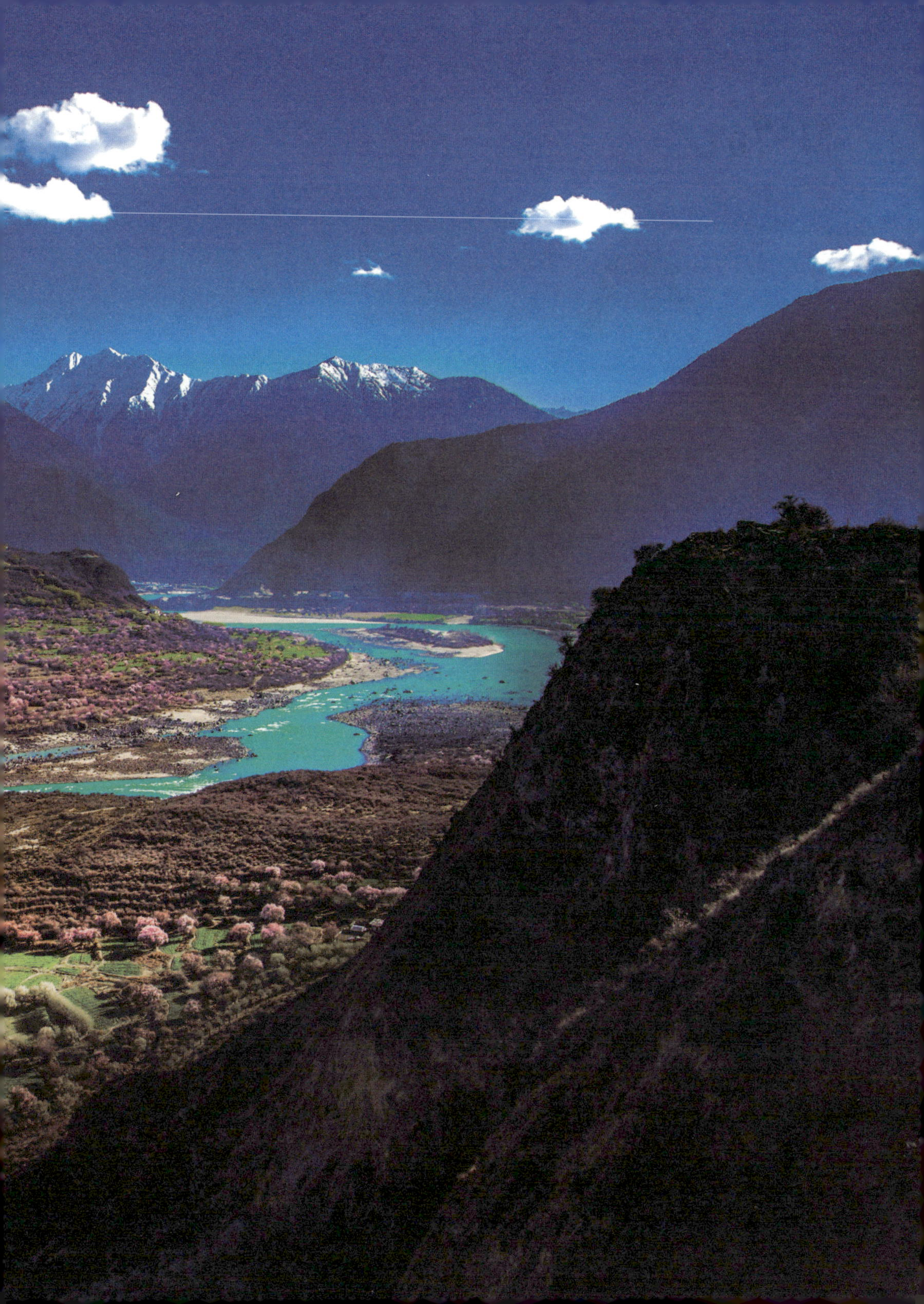

自然动物类纪录片的拍摄与创作

蒲成 《纪录中国》首席记者

中国是全球生物多样性最丰富的国家之一。和世界上其他国家相比，中国境内对自然世界的记录较少。在我国播出的自然类动物纪录片中，占主流的是BBC、Discovery等国外制作的纪录片。为什么我国记录自然动物的纪录片较少呢？正如著名导演李安所说，因为"动物和小孩是最难拍的"。

从BBC纪录片和大卫·艾登堡看自然动物类纪录片拍摄技巧

提起自然动物类纪录片，我们不得不说BBC。观察分析BBC有关自然动物类的纪录片可以发现，BBC这类纪录片拍摄主要分为以下几类。

首先，以BBC给自然世界制作的《红尾鹰猎蝙蝠》为例，对于蝙蝠这种极难拍摄的动物，制作团队跟随蝙蝠研究的专家，追随蝙蝠的迁徙方向进行轨迹追寻,拍摄到非常多漂亮的影像。针对蝙蝠洞里极度黑暗的光线环境,制作团队在洞里设置了多部红外摄像机,记录蝙蝠的生活内容,获取丰富的剪辑素材。因此,自然动物类纪录片拍摄要适应自然动物的生长生活习性,知己知彼方能百战百胜。

其次,以BBC拍摄的《狐狸生存之战》纪录片为例,由于狐狸都是野生的,科学家对它们的生活习性及活动轨迹都知之甚少。因此,为扩大普及性和增加娱乐性,制作团队在纪录片的制作过程中,让更多的观众参与其中。观众可以通过社交媒体的方式记录狐狸的生活轨迹,再反馈回来跟制作者分享其中的内容。可以看出,在所掌握的资料有限的情况下,发动全民参与是拍摄好自然动物类纪录片的关键所在。

此外,制作团队在制作过程中还可以采用多种拍摄手段。如

对一些狐狸进行 GPS 定位，用以摄录它们的活动轨迹；在城市架设固定摄像机，捕捉狐狸的活动迹象，用一周的直播时间观看狐狸的情况。这种拍摄形式在英国引起了大家的广泛关注和讨论。

从这里也能看出，高科技摄影器材在拍摄自然动物类纪录片中具有举足轻重的意义。如红外摄影仪器可以真实记录和展现动物夜间的生活状态；高速摄影仪器可以清晰观察到拍摄对象的活动细节；水下摄影仪器在拍摄海洋类、水下生物类别的纪录片中都会被用到。

隐蔽拍摄、长焦拍摄也是拍摄自然动物类纪录片的重要法宝。因为动物非常警惕，一旦发现有人，就会快速逃跑，因此拍摄现场必须隐蔽。隐蔽并不意味着整个拍摄只能全景或者远景拍摄，长焦镜头可以提供一些近距离的拍摄和特写，不仅能观察到拍摄对象的细微变化，还能增加纪录片的画面冲击力。

随着拍摄手段的多元化和拍摄技术的高超化，航模飞行器、搭高台、摇臂、轨道车、斯坦尼康等专业摄影器材成为自然纪录片常用的拍摄创作手段。纪录片可以根据拍摄对象的特点选择符合自身需要的摄影手法。如，由奈飞（Netflix）出品的《地球的夜晚》使用了热成像摄像机将地球的"夜生活"呈现在屏幕之上。

除了拍摄手法之外，纪录片制作人或者配音者在自然动物类纪录片中也占据着举足轻重的地位。大卫·艾登堡是 BBC 的灵魂人

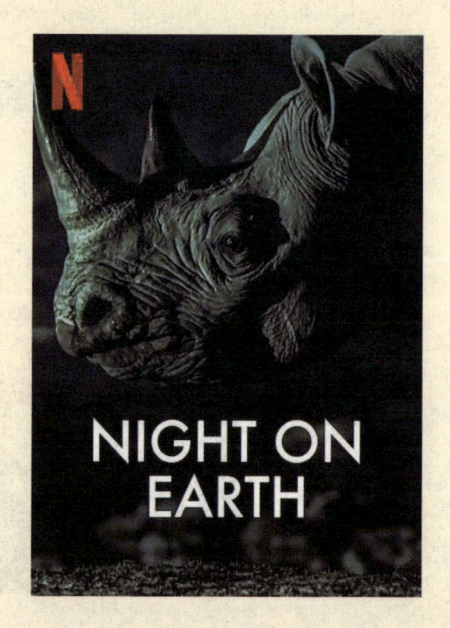

物，被称为"世界自然纪录片之父"，是有史以来旅行路程最长的人，探索过地球上几乎所有已知的生态环境。他的一生只做了一件事，就是解说大自然。他不仅强调节目的可观赏性，更强调向观众展示真实的大自然之美，让观众能够自己做出判断。

这也是我们在拍摄自然动物类纪录片的过程中应该遵循的原则，尽可能客观中立地展现大自然的多样性和生命无穷变幻的奇妙。

时间、人员与资金在自然动物类纪录片制作中具有重要作用

由于其拍摄对象通常为野生动物，不同性别、年龄和学历背景的观众都可以无障碍地欣赏影片内容，自然动物类纪录片长期以来深受观众的喜爱，并且可以超越国界、种族、信仰与语言，在全球范围内进行传播。但也正是因为拍摄对象的特殊性，相较于其他类型纪录片，自然动物类纪录片的拍摄需要创作者倾注更多的心血，付出更多的汗水。

在当前的自然动物类纪录片创作中，美、英、法等发达国家的拍摄及创作模式都已经发展到较为完善的阶段。与之相比，中国在近几年已经有了较大的发展，但在此类纪录片的创作上还存在着较为明显的短板。由于没有完善的运作机制，时间、人员与资金成为自然动物类纪录片拍摄过程中的三道关。

时间是拍摄过程中需要克服的第一关，为了使影片能够契合选题方向，并通过流畅的故事线将内容呈现给观众，在拍摄野生动物的过程中，需要捕捉动物在特定状态下的画面，如捕食、生

产、交配甚至是迁徙等长期过程，一部自然动物类纪录片的摄制周期可能长达数年，加上后期制作等，影片成片的时间比起其他题材的纪录片要长得多。

由于此类纪录片大多在野外拍摄，存在一定的自然条件限制，所以对于拍摄团队的设备和拍摄技术都有更高的要求。国内进行野外拍摄的专业人员较少，对该方面专业人员的培养处于起步阶段。该类纪录片的拍摄还需要进行大量的前期调研工作，把握拍摄对象的生活习性与拍摄地的自然地理情况，以便更好地开展拍摄工作。创造过无数经典的BBC自然历史部成员，多为具有自然生态背景的探险家、科学家和动物专家。专业拍摄人员和科学团队的缺席在一定程度上也造成了中国该类纪录片原创性与科学性的不足。

目前，中国纪录片缺乏成熟的市场运作机制，拍摄周期长意味着成本回收周期长，对创作人员的高度专业化要求意味着创作团队人力成本较高，资金是拍摄的决定性因素。国内纪录片由于制作水平较低无法与国际市场接轨，凭借自有资金的哺育孵化完成大投入、高成本、长周期的系列自然动物类纪录片的创作，仍具有一定的难度。资金短缺使得国内自然动物类纪录片的创作者在拍摄上难以追求更高的完成度，充分发挥创作才能。

自然动物类纪录片需要借助故事化和拟人化，展现对动物的热爱与尊重

对动物的热爱与尊重和对自然的敬畏是拍摄的出发点。自然动物类纪录片既是反映现实的镜子，也是抨击现实的锤子。随着

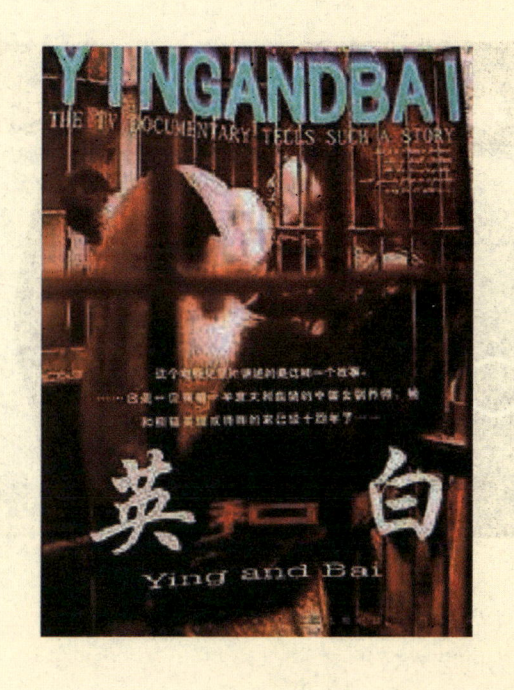

城市化和现代化的不断发展，人类的生活行为对于野生动物生存的负面影响逐渐显现出来，自然动物类纪录片的创作目的，也从呈现动物生存习性逐渐转向通过影像促进保护动物和生态的社会行动。

该类纪录片多采用故事化和拟人化的叙事手法，以帮助观众更好地进入影片的语境之中。但是中西方在叙事手法的具体运用上却存在差别。中国受到"天人合一"传统观念的影响，在该类纪录片中往往会兼顾动物与人，如纪录片《英和白》《孤岛守护人》《野马之死》等，都侧重表现人与动物的关系，且大多选择知名或珍稀保护动物作为拍摄对象。受"理性主义"影响，国外制作的纪录片则很少出现人类的身影，在创作过程中也会更多选择较冷门的动物种类作为拍摄对象，影片的科普性与完整度较高。

在不同的社会与文化背景之下，不同国家的自然动物类纪录片的创作趋势也有着明显的差异。

以路易·西霍尤斯（Louie Psihoyos）创作的《海豚湾》为代表，美国自然动物类纪录片强调环境保护和生态意识。作为世界纪录片的标杆和旗帜的BBC则持续影响着英国自然动物类纪录片的创作，生产出关注拍摄对象本身的"纯"纪录片。而以吕克·雅克（Luc Jacquet）执导的《帝企鹅日记》《迁徙的鸟》等为

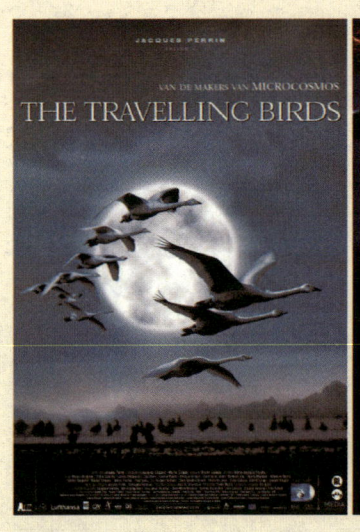

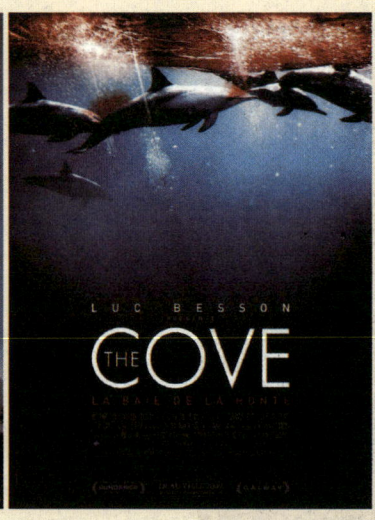

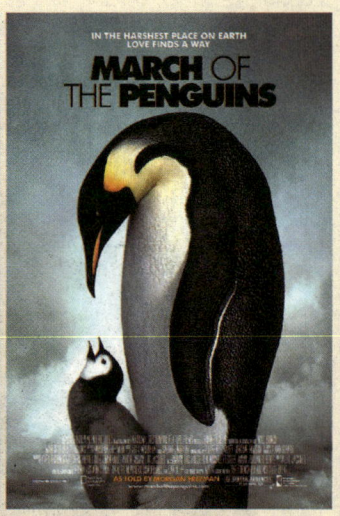

代表，法国该类型纪录片则是将对自然与人文的关怀融为一体，通过震撼的画面与唯美的音乐产生极具张力的艺术效果。

国产自然动物类纪录片逐步升温

自然类动物纪录片在我国的纪录片创作中是一个弱项，但并不意味着我们不能拍摄这一类型的题材。

近年来，国内关于自然动物类纪录片的创作也在逐渐升温。2015年"西藏三部曲"的首部作品《第三极》以自然为背景，以人类活动为中心，讲述了青藏高原人与自然和谐相处的故事。2016年，由美国、中国、英国联合拍摄的动物纪录片《我们诞生在中国》以四川大熊猫、三江源雪豹、川金丝猴三个中国独有的野生动物家庭为主线，讲述了动物宝宝们各自出生、成长的

感人故事，展示了我国自然动物类纪录片拍摄水平的提高，让观众体会到大自然的慷慨与严酷，感悟爱与被爱、生命轮回的主题。2019年，由阎昭导演的纪录片《我们的动物邻居》以城市里的野生动物为主要观照对象，希望启发人们的环境保护意识，思考更为合理的城市发展之路：怎样的城市规划及运转方式，才会为人类提供更美好的生活，实现人与自然的和谐共处与可持续发展。

上述自然动物类题材的纪录片，一经上映就引发观众无数好评。无论是与国外联合制作的《我们诞生在中国》，还是独立制作的《第三极》《我们的动物邻居》，都在拍摄技巧和拍摄理念方面有了显著提升。

未来，关于自然动物类纪录片的拍摄应该准确定位，拓宽拍摄思路，寻找新的题材，同时引进资金和专业人才，制作出有内涵、高品质的纪录片，带给观众更好的视觉体验。

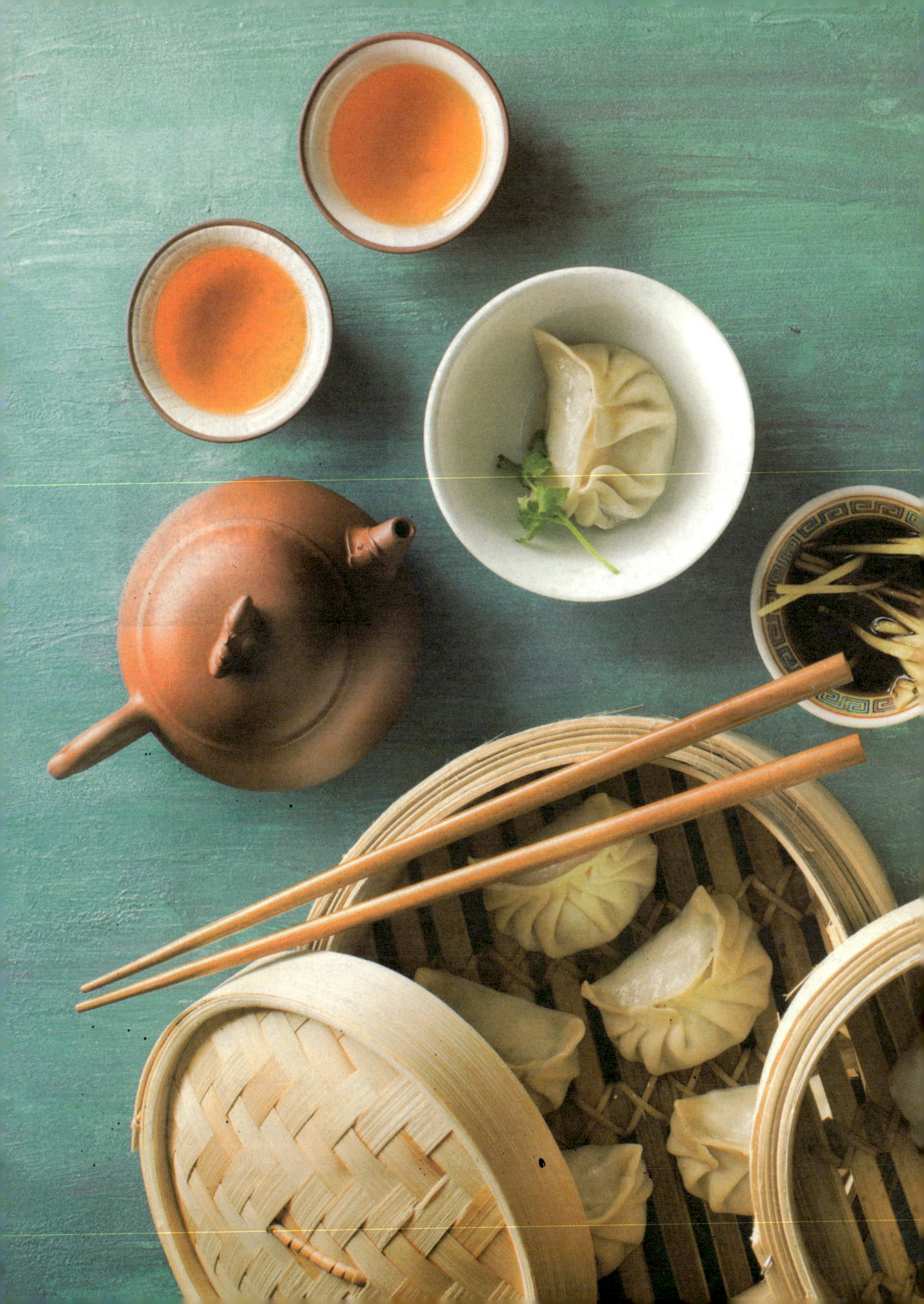

3 中国"味道"

南北小吃

南北小吃

「这些是饺子、粥、凤爪,茶在哪里?」

"来到中国的首都,我的第一要务是吃北京烤鸭!"来自加拿大的布鲁斯·尼科想尝尝地道的"中国味儿"。

"服务员,我们要'早茶'。"

"哪里有大叶红茶和乌龙茶?这些是饺子、粥、凤爪,茶在哪里?"来自俄罗斯的尼基塔和格纳季在广州餐厅叫早茶时,不解地说道。

"有滋有味"的北京美食

四十岁的加拿大美食达人布鲁斯·尼科,一直抱有尝遍全球美食的野心。当然,中国美食必不可少。他苦学多年汉语后,自感学有小成,便从加拿大直奔中国北京。

北京的美食之旅中,鼎鼎大名又不可或缺的第一站便是北京烤鸭。

布鲁斯稍作休整,便邀请一众好友共赴大董烤鸭店,尝一尝正宗的北京烤鸭。就餐前,布鲁斯还专门学习过中餐落座的礼仪——最重要的人坐在主座,也就是正对着门、最中间的位置。主座旁,其他人按照重要与亲昵程度依次落座。在中国人心中,吃饭除了满足食欲,更像是一种传情达意的仪式。

在中国朋友指导下,布鲁斯从笼屉中取出一张极薄的荷叶饼,摊开在手中;用筷子夹起两三片烤鸭,蘸上甜面酱,放到饼上;最后加一点葱丝和黄瓜丝,把饼叠成一个"小包裹",一口咬下。烤鸭的鲜、咸、油、香融为一体,在味蕾中炸裂,让首次尝到这种美食的他激动不已。布鲁斯大声感叹道:"终于等到这一刻

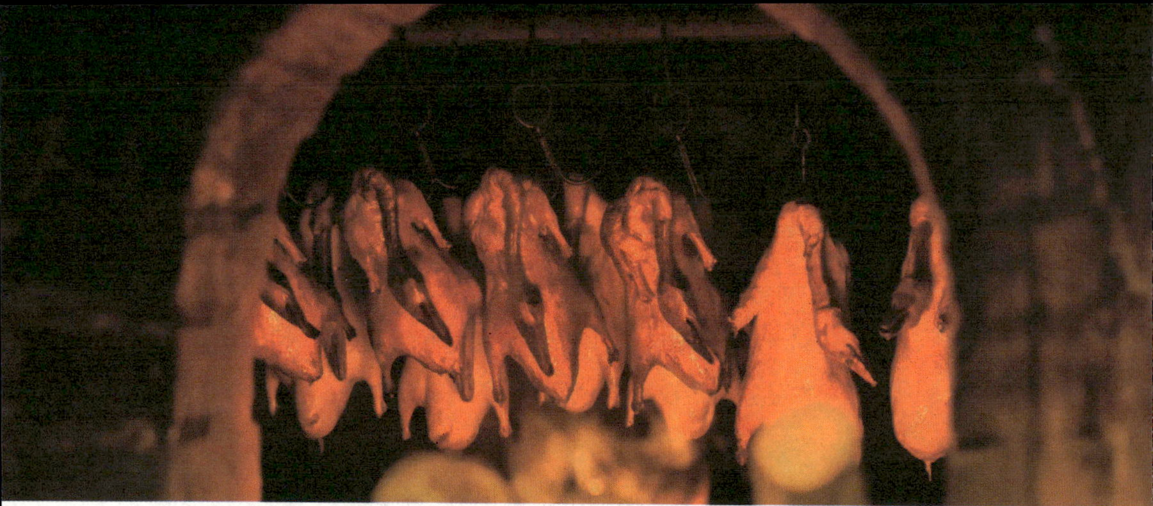
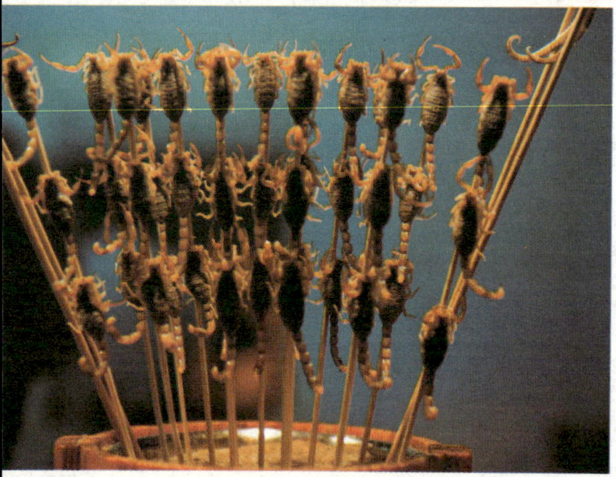
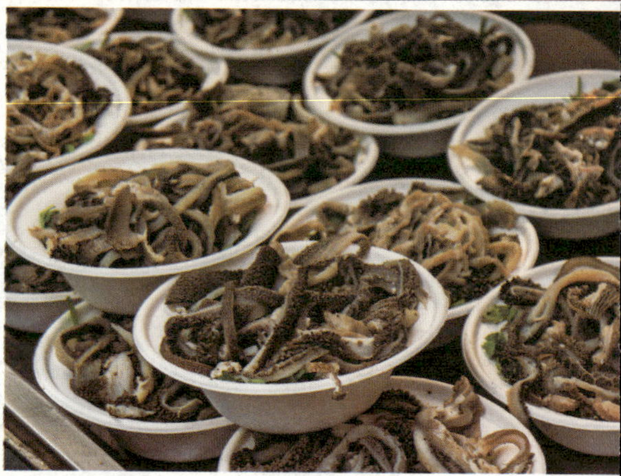
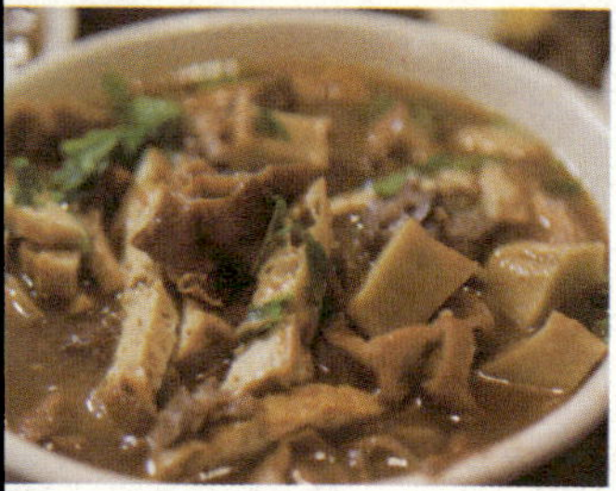
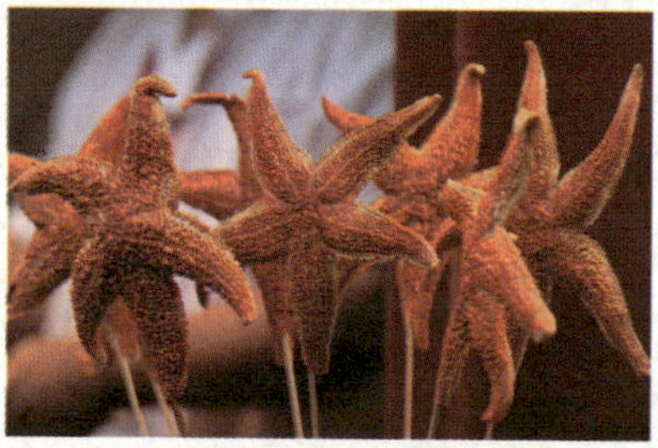
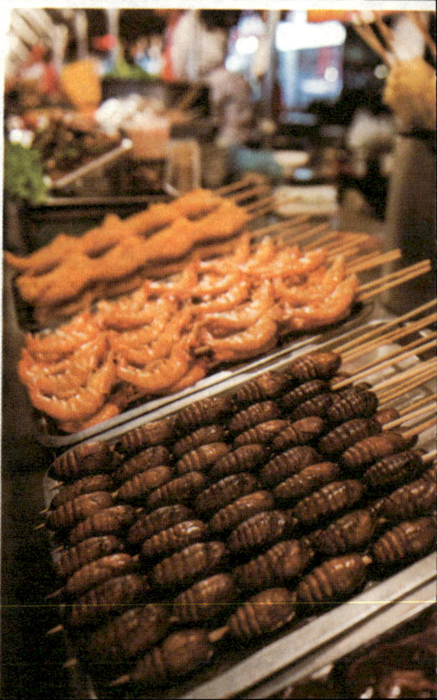
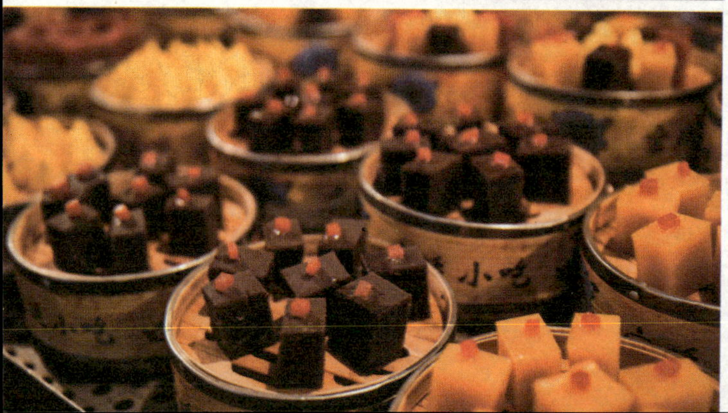

北京烤鸭源于南京烤鸭

北京烤鸭连同乒乓、茅台被戏称为周恩来总理的"三大外交策略"。但大名鼎鼎的北京烤鸭，其实是南京烤鸭的衍生版本，论起辈分来，要叫南京烤鸭一声"爷爷"。

今天我们所尝到北京烤鸭的做法，始于明太祖朱元璋。后来明成祖朱棣迁都北京，一同打包去的不光有南京的文官武将，更有南方的美食。嘉靖年间，京城第一家烤鸭店"便宜坊"，在菜市口南侧的米市胡同开业，而它当时的名称叫"金陵片皮鸭"。清朝同治三年，清军攻陷太平天国首都天京（南京），也是在这一年，北京前门外肉市旁新开了一家"全聚德烤鸭庄"，这就是如今"全聚德烤鸭"的前身。全聚德的做法即是"挂炉派"，与便宜坊的"焖炉鸭"，构成如今北京烤鸭的两大派系。

了，非常非常美味！这种感觉无以言表！鸭肉烤得非常好，片得不薄不厚。口感也很完美，鸭子身上的油脂让烤过的鸭肉外酥里嫩。当然，我是不会哭的，但此刻真的太幸福了！"

北京美食不仅是烤鸭。北京菜也并非人们常识的四大菜系、八大菜系，它是一种融合菜，即将外地菜系引进，搭配多元的烹饪方式对食材进行创新，打造全新的味道，形成新的流派。

王府井小吃街因其美食的类别多样、高度聚集，以及夜景的美轮美奂而声名远播，可谓全国美食聚集地的代表。布鲁斯通过研究美食攻略，在友人带领下，直奔王府井。自小吃街入口，各个古朴又香气四溢的小吃摊位紧挨着门柱两边，呈线性延伸至里面，门店通透的布置使得各类小吃醒目地呈现在食客面前。

黑漆漆冒着热气的煤球蛋糕，酸甜爽脆的糖葫芦，长相奇特的活蝎子、牛杂等，既让布鲁斯眼前一亮，又让他大吃一惊，他甚至觉得需要"冒险"：脚还在动的活蝎子紧密有序地被串在竹签上，又一根根插在竹筒里。"怎么吃？直接咬吗？"布鲁斯发出了尖叫，吓得赶紧摆手拒绝，但又流连于扑鼻的香味。他拿起

143

一串炸好的蝎子，咬一小口，清脆的咀嚼声叫人又担心又惊讶，但唇齿间的味道又让他笑着调侃，"刚刚生平第一次吃了蝎子，它没有想象中可怕，味道挺香的，一咬下去咯吱咯吱响……看看过一会儿我的身体会有什么反应，希望蝎子不会弄死我。"

往前走过几个摊位，牛杂在师傅熟练的烹制下，配合着炽热香浓的汤汁，烘香了满满的调味料，散发出诱人的香气。布鲁斯站在摊位前，又犹豫踟蹰起来，"牛杂看得到各种内脏。光看样子，肯定是完全

王府井真的和井有关？

在王府井大街，有一块儿用铁链子圈起的井盖，记录着王府井得名的缘由。

忽必烈定都北京之后，这个不知名的小村落开始热闹起来，并有了"丁字街"的称呼。明成祖时，在这一带建造了十个王府，便改称"十王府街"。明朝灭亡，王府也随之荒废，后来，街上只有八座王府，人们便称它为"王府街"。

那么"井"是怎么来的呢？据清光绪十一年《京师坊巷志稿》记载，北京内外城共有水井1258个，大多水质咸苦，而十王府井为极少数甘洌可用之井之一。1915年，北洋政府内政部绘制《北京详图》时，就把这条街分成三段：北街称王府大街，中段称八面槽，南段由于有这眼甜水井而称王府井大街。后来，人们逐渐用王府井称呼整条街。

王府井小吃街

没有食欲的。"布鲁斯虽然嘴上这么说，动作却很诚实，忍不住舀上一勺放入口中，味道又奇妙又新鲜。

  如果说小吃是布鲁斯此次美食之旅的"开胃小食"，那么一日三餐便是沿途精致的"硬菜"。街边的煎饼是中国北方随处可见的特色早餐之一。煎饼摊里的香气也吸引了布鲁斯的注意：平底锅上摊开面糊，抹上鸡蛋液，两面烹熟后夹入酱料、葱花、薄脆等，裹成方方正正的样子。煎饼师傅会为每个食客进行"专属定制"，布鲁斯也乐于接话，"我要加两个鸡蛋"，"撒上葱花，也刷点辣酱，我喜欢辣一点的"。煎饼制作快捷，拿在手里方便食用，配以酱料调味，葱花点缀，柔软的饼皮和酥脆的薄脆在口中共舞，布鲁斯尝试后忍不住赞扬一番："煎饼跟法式薄饼很像，只是味道是辣的。加了这种薄脆更香,口感很有层次。"

午餐时分,布鲁斯选择去一家有名的清真餐厅"打卡"。清真菜在北京很受欢迎,不过北京的清真菜可不只是常见的手抓饭或是羊肉汤。这里的清真菜颇具北京特色。布鲁斯点了一碗豆腐脑、两个门钉肉饼。"这好像是一种饼,但从外观看像是汽车零件。"薄脆的饼皮裹着厚厚的肉馅,一口下去,汤汁四溢,满嘴留香。门钉肉饼的得名据说与慈禧有关,相传御膳房做了一种有馅的圆饼,慈禧很是喜欢。问其名称,御厨灵机一动想到这种肉饼与宫廷大门上的门钉颇为相似,于是答曰:门钉肉饼。

"有模有样"的广东美食

俄罗斯人格纳季、尼基塔不远万里来到中国广州品尝当地最古老、最具特色,在欧洲绝无可能吃到的美食。两人在旅途中玩心大发,决定相互为对方挑选食物,大胆尝试见所未见、闻所未闻的广州小吃。

第一轮会面。两人分别选择了萝卜牛杂和肠粉作为开胃菜。萝卜牛杂和肠粉都是广东著名的传统小吃。有人说,认识广州就得从萝卜牛杂开始。牛杂是牛内脏的统称,包括牛肚、牛肠、牛百叶、牛肺等。将牛杂用清水处理干净后,放入白萝卜以及砂姜、肉桂、草果、陈皮等中国传统调味料,小火慢熬入味。格纳季正在为对方挑选着,"牛杂看起来很好吃,我觉得自己简直是在给尼基塔选礼物"。煲好的牛杂剪切成小块,和萝卜一起盛碗,加上辣酱,便是鲜香爽辣的味觉之旅。

另外一边，尼基塔也给格纳季选好了美食，只是食物外观看起来令人匪夷所思。"你怎么把你的破被子剪碎端过来了？"肠粉也是一道非常有名的传统小吃，将米浆在笼屉里均匀摊开，旺火蒸熟，做成软润爽滑的粉皮。猪肉、蘑菇、虾仁、鸡蛋、青菜等馅料炒熟，薄薄地铺在粉皮上，用粉皮小心地卷起，淋上调好的酱汁。格纳季尝了一口，"吃起来很美味，不过看起来没那么惊艳"。品尝过后，二人对这道晶莹剔透、口感弹滑、入口即化的肠粉，啧啧称赞。

　　第二轮探宝。两位美食达人品尝了蚝仔烙和猪脚面。粤菜鲜美，口感嫩滑，令人好感大增。蚝仔烙也是粤菜中的一道传统名点，属于潮州特色菜。"蚝仔烙外形和味道反差很大，喜欢海鲜的朋友一定会爱上它。"格纳季、尼基塔品尝着。洗净的蚝仔与薯粉、鸭蛋一起煎熟，撒上葱花、胡椒粉等佐料，甫一入口，表皮酥脆，仔细咀嚼，白玉般的蚝仔滑嫩鲜美，别有风味。

紧接着是餐后甜点。"尼基塔，我给你带来了一份完美甜品，你会感到惊喜的。"格纳季一脸鬼笑。尼基塔面露难色，"这家店看着像个欧式咖啡厅，这里能有什么让我惊喜的东西呢？""尝尝再说，稍等，我先走远点……"格纳季立刻跑远。尼基塔抱着挑战自我的态度，猛地打开了甜品盒，"这……它好臭，难道是你的袜子吗？"远处的格纳季笑成一团。

发出强烈刺鼻气味的食物是榴莲班戟。这让两名俄罗斯人见识到广式甜点

强大的兼容并包能力。榴莲是一种常见水果，它的气味让很多人难以忍受，许多国家甚至禁止将榴莲带入公共交通设施和部分酒店。班戟是松饼（pancake）的粤语音译，是由西式甜品改良而成的正宗地道的中式美味，用牛奶、鸡蛋、面粉、糖和黄油做成班戟皮，里面包上整块的榴莲果肉和绵密的奶油，捏成方形，就做成了这道正宗的广式甜点。榴莲馅，闻起来具有一股特殊的"难闻"气味，但吃起来又清香又甜腻，让喜欢吃榴莲的人欲罢不能。

　　街头的特色小吃和甜点只是广东美食的冰山一角，要体味其精髓，必须向地道的广式早茶寻结果。"饮早茶"说的不是喝茶，而是上茶楼"吃早餐"。早茶是广东省早点小吃与茶的统称，小吃以肠粉、叉烧包、虾饺、烧卖等为代表，茶有茉莉花茶、乌龙茶、普洱茶等。每逢周末或假日，广东人便扶老携幼，或约上三五知己，齐聚茶楼"叹早茶"。

尼基塔和格纳季点了两道广式早茶的招牌点心——水晶虾饺和豉汁凤爪。"水晶"的效果在于，虾饺皮是澄面制成，经笼屉蒸熟后，隐约可见虾仁内馅。蒸好的虾饺，皮白如雪、薄如纸，内馅隐约可见，虾仁爽滑清鲜，相得益彰。"凤爪"指的是鸡爪，是中国人餐桌上的常见食材，也是广式茶餐厅的必选菜肴，配茶吃，爽口而又酥糯。品尝过各式小吃和点心，二人对中国菜肴有了新的认识。尼基塔感慨道："来之前，我想象中的中国菜是非常辣的，但是这里的美食并非如此。中国的城市各有各的特色美食，广东菜香辛料使用得比较少，这使得食材的原味得到最好的诠释。"

中国饮食分为"南""北"两派。北方食物油大耐饿，南方食物则相对清淡。如果说王府井小吃街是北方饮食凝结的一方小天地，那么广州市中心的北京路美食街，则是领略南方风味的享乐园。北京美

叹早茶时的"扣指茶礼"

广东早茶是一种慢餐饮，缓慢的过程容易进化出餐桌礼仪。叹早茶也有一系列专属的餐饮规矩。比如桌上有人负责倒茶时，受茶人要把食指和中指弯曲叩打桌面，感谢倒茶人的好意。这个礼仪执行起来并不复杂，甚至让人难以察觉，但却表达了人与人之间的友好与和谐，在广州这样的商业社会殊为重要，被称为"扣指茶礼"。

扣指茶礼来源于乾隆皇帝微服私访的传说。据说他到一家茶楼喝茶，当地知府得知，也悄悄前往茶楼护驾。皇帝心知肚明，也不点破，提起茶壶给知府倒茶。知府惶诚惶恐，但也不好当即跪在地上谢主隆恩，于是灵机一动，弯起食指、中指和无名指，在桌面上轻叩三下，权代行了三跪九叩的大礼。于是这一习俗就这么流传了下来。

食和广东美食虽历经数个朝代更迭和千年沧桑，但在中国美食中的重要地位始终未变，许多老字号美食聚集于此，迎接着各路客人的到访。这一奇特现象，在国内外城市中罕见。

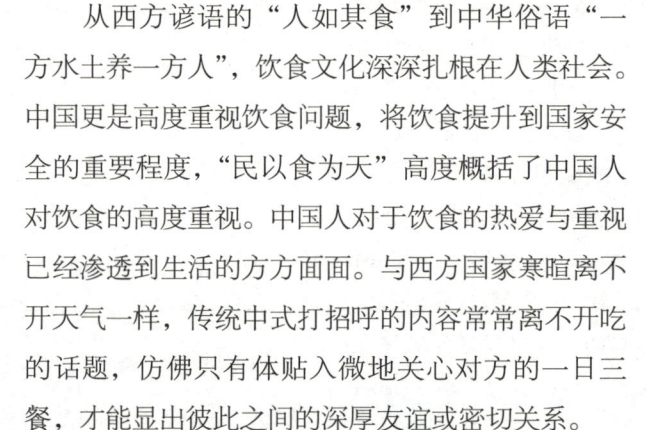

从西方谚语的"人如其食"到中华俗语"一方水土养一方人"，饮食文化深深扎根在人类社会。中国更是高度重视饮食问题，将饮食提升到国家安全的重要程度，"民以食为天"高度概括了中国人对饮食的高度重视。中国人对于饮食的热爱与重视已经渗透到生活的方方面面。与西方国家寒暄离不开天气一样，传统中式打招呼的内容常常离不开吃的话题，仿佛只有体贴入微地关心对方的一日三餐，才能显出彼此之间的深厚友谊或密切关系。

中国的饮食文化，已形成别具一格的饮食文化

体系。自宋以来直到现在，餐饮业一直是中国社会发展的重要产业之一。大部分时间，中国餐饮业都是高度发展，市场繁荣。与此同时，中国饮食文化逐渐向崇尚奢靡转变，繁荣鼎盛达到极致。从菜品命名多样的大型筵席到地方特色的各种宴会，从全羊席到满汉全席，有的琳琅满目，有的出奇制胜，有的酒水冷碟开头、热炒大菜重头、主食茶果压轴。不计其数的烹饪方法，取之不尽的珍馐食材，极具特色的餐具摆盘，争奇斗艳的不同菜系，呈现出中国美食文化的高度发达与繁荣。

中华美食凝聚着中国劳动人民几千年来的生产生活习俗、烹饪技艺和饮食文化，是中华民族五千年悠久历史文化的凝结和典型代表。鲜活的文化传统，使餐饮业成为中国非物质文化遗产传承和发展的重要产业。中餐伴随着华人华侨的全球流动而广泛传播，在全球拥有大量的消费群体，成为中西方文化交流的重要载体。越来越多的食客跨越山河阻隔，来到中国，感受碗筷食肴碰撞之间的文化差异，一品东方国度的风味人情。如加拿大的布鲁斯、俄罗斯的尼基塔和格纳季，他们不远万里来到中国品尝中国菜，绝对不虚此行。在这里，总有一些美食能让味蕾和钱包都满意。来中国次数越多，就越会被这个国度所震撼。想尝遍中国菜？没有一百年是不可能的！

中国的饮食丰富多样，令人惊艳。在交流频繁、往来密切的今天，中国菜早已走出国门，在世界各地深受喜爱。越来越多的中国餐馆开到世界各国，越来越多的中国美食也成为世界各国食客餐桌上的美味。

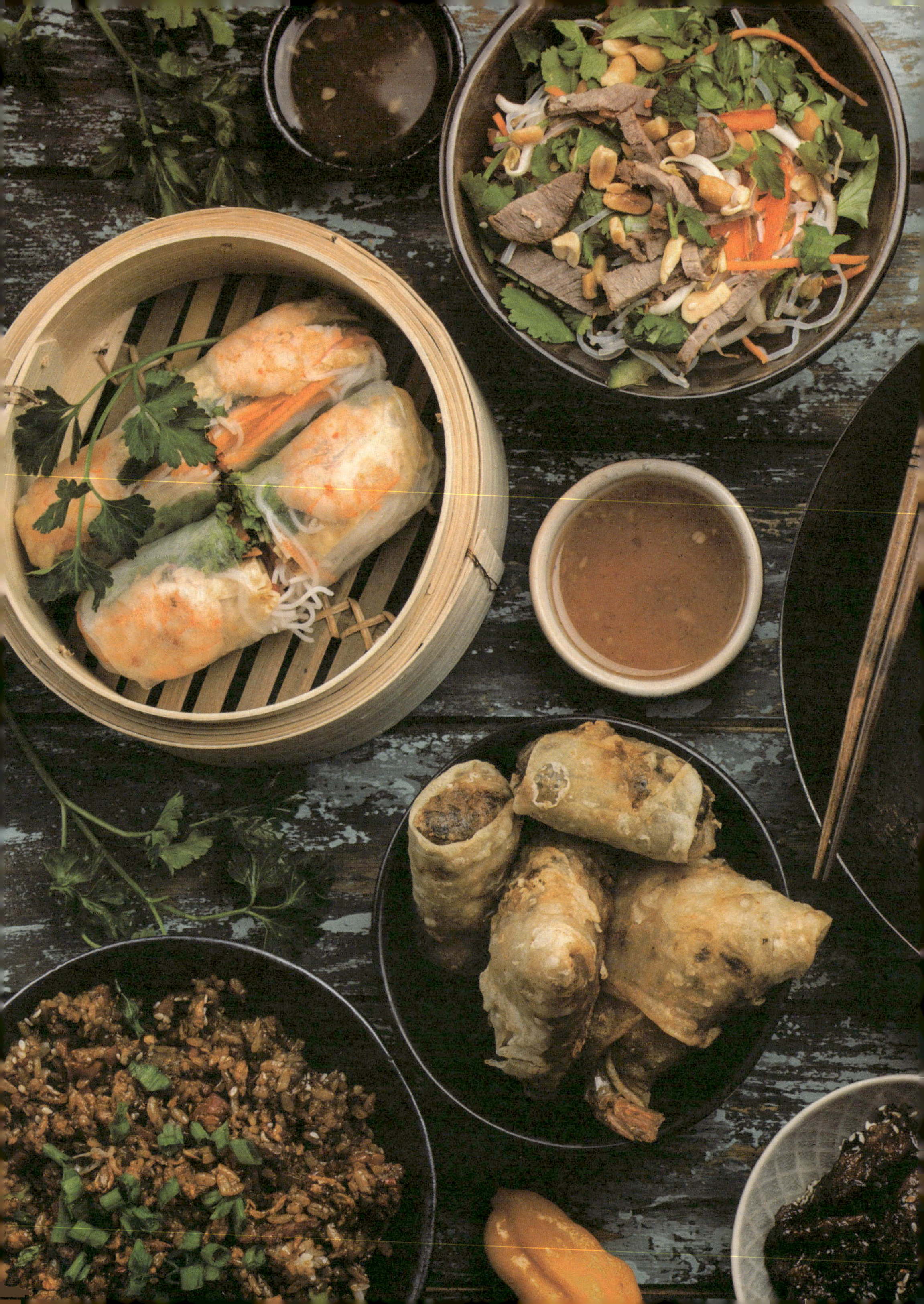

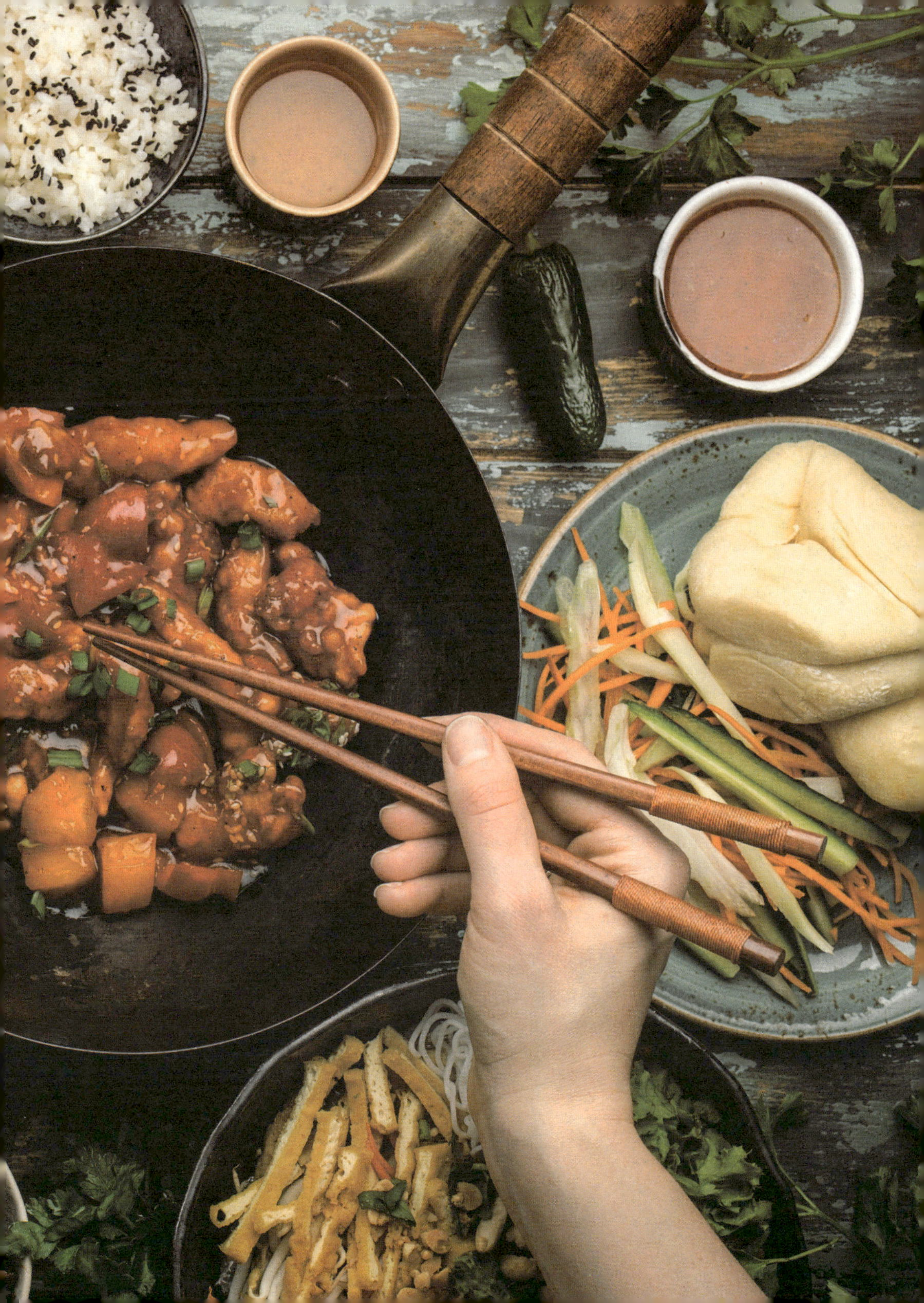

粤动食心：时代造就与匠人功夫

相生　青年美食家

　　隆冬腊月，又逢北方大风降温。傍晚走在街上，呼啸的冷风冻得人瑟瑟发抖，只想快快寻一处暖室躲避。跌跌撞撞间，逃进一家餐厅。瞬间，暖黄的灯光、飘香的菜肴、饭食烘热的厅堂、食客点单的交谈声涌在我面前，带来眼鼻心耳的舒畅。

　　点单上菜，服务员端着一只瓦煲到面前，掀盖。升腾的水汽带着香味热情地扑向冻僵了的脸颊，白米、红肉、绿菜在眼前闪着油亮的光，调味汁泼洒下来，登时"嗞嗞"作响。挖起一勺，酱汁染着顶层的饭，中层是洁白清香的米粒，最下层有焦黄酥脆的锅巴。蔬菜恰到好处地吸收了肉与腊肠的油脂，使得整份饭油而不腻，瓦煲的热度烘得人惬意顿生。

　　一口闷下，饭菜的香、米饭的糯、锅巴的脆在口腔交织。寒冷与慵懒，在这一碗饭前，消失得无影无踪。咂摸着嘴回味之际，舌尖似少了一丝清爽，让人忍不住再翻开菜单要一份甜品，深窥粤食风采。

等待之时，静静细想：一碗煲仔饭，除主食米饭坐镇，还可搭配灵活多样的食材，不同的食材决定着加工的方式，炊具的质地也影响着厨师对于火候的掌握。真正的大厨，能根据各类材料和炊具的特点把控烹饪过程，斯文慢火，不疾不徐，火到功成，到食客桌上时恰是最美好的赏味时刻——这里有粤菜的匠人功夫。

第一道功夫——饮食文化积淀之重

粤菜，即广东地方风味菜。广东处于中国大陆南端，河网交错、土地肥沃，地处热带、亚热带气候区，区域有沿海海岛、山

地、丘陵、平原等各种地形地貌。独特的地形与气候条件造就了这里丰饶的动植物资源：奇花异果、山珍野味、生猛海鲜、瓜果时蔬样样皆有。清代屈大均所著《广东新语》曾说，天下食货，粤东尽有之。由此可见，广东佳肴，食材种类必是重头。粤菜的烹饪艺术在融合了地方的文化、饮食习俗的基础上广纳多方特色，形成了独具一格的精湛技术：以炒、泡、清蒸、焗、煎等方法为主，旨在烘托出食材的清、爽、鲜——清而不淡，爽而不厌，鲜而不腥。由于广东夏长冬短，天气炎热，因而此地的人们更青睐清鲜口味的菜肴，在烹饪过程中，讲究"五滋（香、松、软、肥、浓）六味（酸、甜、苦、辣、咸、鲜）"，注意菜肴口味的时令性。

粤菜的烹饪特点源于其漫长悠久的发展历史。自秦始皇统一六国，南北交通逐渐发展，广东与中原的联系逐渐密切，中原汉人也逐渐地了解了粤菜，并带来了中原饮食文化的传统精华：如煲仔饭，因当地称砂锅为煲仔而得名，虽今在广东流行，但其历史可追溯到2000多年前的周代八珍。唐宋之时，中原饮食则赋予了粤菜调料运用的风采，对于腥冷食物，亦有独到的增香方法，出现了云吞、花猪肉（今东坡肉）等名菜；明清时期，鱼米之乡与农业兴旺共同促成了粤食的发展壮大，再随着对海外开放的不断深化，世界各地的奇珍异食陆续传入广州，渐渐有了"食在广州"之说。

第二道功夫——种类流派花样之多

粤菜在漫长的发展过程中，形成了三个主要的地方流派，分别为广州菜（也称广府菜）、潮州菜（也称潮汕菜）、东江菜（也称客家菜）。三地风味各有特点。广州菜范围包括珠江三角洲和肇庆、韶关、湛江等地，口味清鲜而不生腥，嫩滑而不俗腻；重视汤水。广州宴席的格局讲究以浓汤搭配清淡口味，可谓饮食辩证。由于地处闽粤边界，海产丰富，潮州菜以烹制海鲜见长，汤类、素菜、甜菜是主力。潮州菜筵席自成一格，重视配酱，不同菜肴

需搭配不同酱碟，一菜一碟。东江菜代表为惠州菜。也许是代代相传的记忆中带着对原生家乡的不舍，东江菜用料以家禽、家畜的肉类为主，极少水产。烹调方法尤以北方常见的煮、炖、焖等技法为主。味道方面讲究香浓重油，以盐定味。造型简单，追求酥软绵烂口感，有独特风味。

饮食文化的积淀和多样的种类流派这两道功夫，是粤菜在世界美食之林安身立命的看家本领，而要说起其光彩焕发、生机勃勃的秘籍，还要看港式新派菜肴。

随着煲仔饭最后一片锅巴被敲下，服务员又上来一道甜品：芒果班戟。班戟静静地卧在盘中，薄薄的饼皮裹着厚厚的奶油，中间又夹着软软的芒果。嘴中味道酸甜交融，又有煎饼独到的面香。与先前煲仔饭的炽热醇厚相比，甜品的口感更清清爽爽，让人如沐春风，一扫冬的倦怠之意——这是新派粤菜蕴含的生机。

班戟是英文 pancake 的粤语音译，原形本是西餐平锅中烘出的薄饼，心灵手巧的厨师们却能将之与奶油、水果结合，叠成一个金灿灿的小方块。酸与甜，饼与奶油的松软较之于形状的规整，含蓄地体现

了中式饮食里的包罗万象。这样的中西结合，是港式菜肴的特征。香港，继承了广州语言、文化与饮食的精华，又位于世界交流的枢纽，饱尝世界饮食风光。

在开放的市场环境下，港式茶餐厅应运而生，既融合了异乡的风情，又保留着自己独到的见解。有吸收国外制作技艺而创作的铁板牛柳、沙律龙虾等，也有将国外食材融入中式菜肴的日式海鲜菜品，更有由新兴原料改良传统菜式而成的脆皮炸鲜奶等。就这样，港式新派粤菜逐渐形成了北为南用、西菜中做的风格。若求饱腹，各类主食如煲仔饭、云吞面恭候挑选；如想解馋，小食、甜品可以让人足不出户饱尝世界风味。这样方便而美味的食物，满足了年青一代食客的口味，也贴合了其现代化生活的快节奏。

第三道功夫——国际传播之广泛

美食背后，承载着制作者的心性与品格，传递着匠心的力量。厨师们，站在时代的中心，尽可能多地学习各方饮食的特色，博众家之长为我所用，又深入市场的激浪中拼搏，凭着敏锐的观察和精心的改良，勇立餐饮潮头。

凭着这样的功夫秘籍，粤菜走向了更广阔的天地。2019—2025年《中国粤菜餐饮行业发展趋势预测报告》显示，截至2017年10月底，以粤菜酒楼为核心的各类粤菜门店总体量达到9万多家，广东作为中国餐饮第一大省，年收入和市场份额良好，相比北京、上海，活力十足。乘着国际交流的东风，粤菜在国际市场的发展也顺风顺水。怀揣致富梦想到美国淘金的广东人带去了自

己家乡的菜肴，开启了粤菜的海外之旅。为迎合西方嗜甜习惯，开拓市场，人们又改进了糖醋系列。20世纪末，香港富商为挖掘商机，开创了港式酒楼，使得中餐改头换面，从街边餐馆摇变高雅餐厅，受到了高端消费者的青睐。

据环球时报发布的《2019年粤菜海外影响力分析报告》显示，在中国八大菜系中，粤菜的国际认知度排名第一。高达66.8%的海外受访者表示自己曾经品尝过粤菜。国内数据同样显示出国人把粤菜推向全球的高度自信，近六成受访者愿意把粤菜推荐给外国友人。海外友人逐渐参与到了粤菜国际传播的过程中，有望成为粤菜海外传播的重要"代言人"。一方面，品尝过粤菜的外国友人有较强的意愿自发向身边人推荐粤菜；另一方面，喜爱粤菜的网民、网红和名人，也会在海外社交平台上分享与粤菜相关的个人经历或推荐相关美食。

正是这样的包容与创新，这样的时代与机遇，赋予了粤菜、港菜蓬勃的生机与活力。政府与民间组织机构看准了这一时机，联合推出"粤菜师傅"工程，打造"食在广州"的文化品牌，不断扩大粤菜的影响力。2019年，广东省食文化研究会正式成立了"名厨专业委员会"。这其中包括上百名粤菜名师名厨，他们搭建行业交流平台，弘扬工匠精神，推动粤菜行业不断发展。食物，归根结底是人所制作，只有保证了厨师队伍的发展壮大，才能为粤菜的代代传承注入新鲜血液。厨师培养的窗口，打开了菜系的未来。

所谓天时，有千年来的文化积淀；所谓地利，有沿海的对外交流；所谓人和，有匠人孜孜不倦的钻研。粤菜在时代潮流的强势推动下，借由厨师的匠人功夫，不断吸收着中国和世界各地的烹饪技艺，推陈出新。中华风味就这样"粤"动在世界各地食客们的舌尖味蕾上，叫人心悦诚服。

如何邂逅别样的中国美食？不如尝一尝粤菜。夏日早晨，街边小楼，"饮啖茶，食个包"，悠悠地看着惬意的日子在笼屉里升起；冬日天晚，餐馆窗旁，云吞面搭甜点，淡淡然望着自在的幸福在碗边落停。这是粤菜独到的功夫，是中华独运的匠心。

国之礼器

「国礼是体现国家友好、敬意及价值观的一种立体语言。」

礼之器

　　设计师焦静总是面对一些"未知"的挑战——北京工美集团又接到了一个新的国礼任务，要求在三个月之内设计和制作出一件反映中国几千年传统文化和北京地域特点的国礼。对于在工美领域工作的人来说，这几乎是不可能的任务。然而在这里，没有"不可能"这个词。

　　北京工美集团的历史可以溯源至1954年。在中华人民共和国成立之初组建这个公司的原因，就是为国家对外交往选定和制作国礼。特别值得一提的是，毛泽东主席一生只有一次出访，访问的是苏联，当时他送出的国礼就是北京工美集团制作完成的。半个多世纪以来，该集团制作的数百件独一无二的艺术精品，成为世界多个国家著名政要办公室里的重要摆设。

　　国礼，是国家形象的具体表达。在国际政治舞台上，国家元首之间常常以"礼"相待。许多国家都设有专门的礼物管理部门，由专门负责国礼的礼宾司官员和艺术家一起确定国礼清单。中国也对外招标国家外交礼品的直供单位，充实国礼"后备库"。

　　准备国礼的难点在于不知道受赠者是谁，这通常是国家机密。设计者只能根据概略的提示来解读他们的需求和喜好。焦静回忆道："记得我们设计景泰蓝《如意尊》之前，不知道是送给谁的。但是订货方给我们提供了一些想法，比如说要展现西湖上八角亭的景致。因此我们就把这个景致呈现在了景泰蓝的内画上。后来我们才了解到，八角亭有着特殊的含义：这件国礼是为

2017年美国总统来访专门制作的。1972年，中美国家领导人在八角亭草签了《中美联合公报》，奠定了中美关系健康发展的政治基础。"

《如意尊》的样作现在保留在北京工艺美术博物馆。博物馆建于1987年，是中国第一家企业自办的专业博物馆，目前有3000多件藏品。

纵使有丰富的经验，对于追求极致的国礼来说，三个月的时间也显得非常短促。焦静和她的团队经过多次讨论，拿出了30款设计方案。会上，各方确定设计方案并增选了九件作品以供订货方选择。至此，国礼的初步环节完成，设计方案需要数十名车间工作人员合力生产。其中涉及的各项工艺细节，还要靠他们发挥自己的熟练技能。设计的巧思需要灵巧的双手制造出现形。一件工艺品的诞生，是各个环节制造者心灵的共鸣。

《如意尊》

礼之艺

精巧的国礼凝练着登峰造极的精湛技艺。在《如意尊》的制作流程中，就蕴含着中国千百年来积累下的登峰造极之技。其中大名鼎鼎的便是"燕京八绝"。北京作为多朝古都，每个朝代都有来自全国的优秀工匠被召进京城。全国各地的工艺技术被带到北京，与本地特色相融合，使得北京工艺美术达到了极高的艺术水平。玉雕、景泰蓝、牙雕、金漆镶嵌、雕漆、花丝镶嵌、宫毯、京绣八种技艺被合称为"燕京八绝"，在明清时期盛极一时，达到了中华传统工艺的高峰。其中景泰蓝、雕漆、花丝镶嵌等工艺美术作品，都是国礼礼单中的常客。

《和平万象》珐琅摆件

《丝路绽放》雕漆赏盘

《龙腾盛世》景泰蓝赏瓶是北京工美集团的工艺作品之一。在中国，龙腾是友善、和平和幸福的象征；赏瓶是抱月瓶器形，寓意圆满；主体纹饰采用中国传统的龙纹，龙的周围有一圈精细的如意纹饰，寓意吉祥如意、健康长寿。纹饰的制作过程极为复杂，在保证细致精美的同时，还体现出了龙的威严雄伟之姿。

　　景泰蓝也称"铜胎掐丝珐琅"，因其釉料颜色以蓝色（孔雀蓝和宝石蓝）为主，又因其最初兴盛于明朝景泰年间，故称为景泰蓝。它既可以指代制作工艺，又可以指工艺品本身。这项工艺

《龙腾盛世》景泰蓝赏瓶

用细扁铜丝做线条，在铜制的胎上捏出各种图案花纹，再将五彩珐琅点填在花纹内，经烧制、磨平镀金而成。成品外观晶莹润泽，鲜艳夺目。

景泰蓝器物在明朝常作为宫廷寺庙的祭器，到了清朝，器物的应用范围扩大，还出现了鼻烟壶、屏风、香炉、围屏、桌椅、茶几、筷子、碗具，等等。景泰蓝器物以其丰富的品种，精湛的制作工艺，浑厚持重、古朴典雅的风格，在清朝初期就已闻名天下，大量出口国外，成为海外贵族家庭中的装饰品。到如今，它已成为国礼常选的工艺品。

林徽因与景泰蓝的不期而遇

新中国成立初期，有一天，林徽因在一个古玩摊上看中了一只花瓶。老摊主对林徽因说："这是正宗的景泰蓝，别处你见不到了。北京的景泰蓝热闹了几百年，到这会儿算绝根儿了。"林徽因听了这话，不禁为这门传统工艺的命运担忧起来。她与梁思成再三商量，决定在清华大学营建系成立一个工艺美术教研组，抢救这门濒于灭绝的工艺。

经调查研究，她很快得出结论：使景泰蓝濒于灭绝的不是师傅的技术，而是老旧的设计。于是她和助手们一起研究设计适合景泰蓝生产工艺的造型、图案及配色。借此，大大小小的景泰蓝生产厂家迅速出现转机，产品很快受到市场青睐。景泰蓝这一传统生产工艺也由此摆脱了一场濒临绝境的危机，进而发展成为世界性的民族工艺产品，享誉全球。

2014年，APEC会议在北京举行。根据国际惯例，历年亚太经合组织东道主领导人及其配偶，都要为参加APEC的各经济体领导人及其配偶，赠送体现本地历史文化或代表本地自然风貌的特色纪念礼品。当年送给领导人的礼品就是《四海升平》景泰蓝赏瓶。赏瓶由中国七位国家级、北京市工艺美术大师联手创作。瓶身38厘米高，代表38米高的天坛祈年殿；赏瓶最大直径21厘米，代表APEC 21个经济体；通体碧蓝的瓶身上水波荡漾，象征"四海"，寓意环太平洋；细长的瓶颈显得瓶型典雅优美，"瓶"即

"平"，整体即"四海升平"。赏瓶正面为本届 APEC 会议标志，背面为北京雁栖湖 APEC 会场，两侧分别为北京标志性建筑天坛和怀柔慕田峪长城。从纹样设计到制作工艺，无不呈现出东方文明古国深厚的人文内涵。

  2015 年，为纪念联合国成立 70 周年，中国政府向联合国赠送一座景泰蓝《和平尊》。《和平尊》以中国红为主色调，顶部龙饰象征守望和平，两侧的象首和凤鸟寓意天下太平、人民安康。

《四海升平》景泰蓝赏瓶　　　　　　　《和平尊》

《花好月圆》雕漆大盘

尊体饰以中国传统吉祥纹饰，辅以丝绸之路等故事元素，传承和平发展、交流合作的理念。尊身展翅高飞的七只和平鸽，代表联合国为世界和平奋斗的70年。《和平尊》以中国古代青铜器中的"尊"为原型，"尊"取"敬重"之义，在中国传统文化中是十分隆重的礼器。以"尊"为礼，不仅表达了中国对联合国的重视和支持，也传递出14亿中国人民对联合国的美好祝福。

雕漆是中国传统民族艺术，至少有1400余年历史。横跨唐、宋、元、明、清五个朝代，在明清两朝还是皇家宫廷工艺器物，历来具有崇高的社会地位和艺术价值。雕漆工艺是指在经过加工的器物胎型上涂数十道乃至几百道大漆，然后在形成的厚漆层上进行雕刻。一个胎型一天只能上一至两道漆，如果一件雕漆作品需要500道漆，那么单是漆层的制作就需要一年左右。与其他类型的漆器相比，雕漆器物由于外部有很厚的漆层，大漆有防腐、防潮的作用，保存期相当长，甚至颜色会随着时间推移愈加鲜艳。

1999年12月20日澳门回归，北京市政府送给澳门特区政府的雕漆大盘《花好月圆》堪称一绝。大盘直径108厘米，连同木座总高为 172 厘米，净重 68 千克。盘口为黄铜鎏金，盘中央为风景图案。风景图案上半部分为世界文化遗产——北京著名的皇家园林颐和园，下半部分为澳门传统建筑妈祖庙，两地以澳门友谊大桥相接，饰以碧水莲花、彩云追月。大盘的颜色以绿色为衬底，与澳门区旗的颜色相同，象征着澳门，盘中图案为红色，象征着祖国内地。整体设计寓意北京与澳门两地人民血脉相连，共同欢庆澳门回归，并盼望祖国早日完成统一大业。

花丝镶嵌是中国最古老的工艺之一，起源于春秋战国金银错工艺。花丝镶嵌工艺实际上是花丝工艺和镶嵌工艺的结合。学习这项工艺的人必须要有绘画基础，至少需要学徒三年。"花丝"指用不同长度、粗细的金银丝编织、堆垒成各种形状；"镶嵌"则是把金银薄片锤打成形，镂刻出花纹后镶入宝石。由于用料珍奇，工艺繁复，花丝镶嵌历史上一向只是皇家御用之物，其工艺在中国历代的宫廷饰品和礼器中均有呈现，也是中国传统奢侈品的特色工艺之一。2014 年北京 APEC 会议的配偶礼品《繁花》手包采用的就是花丝镶嵌工艺，显示出了超高的中国艺术水平和制作水平。

礼之魂

中国是文明古国、礼仪之邦。

燕京八绝

北京是一个历史文化古都，它有着 3000 多年的建城史和 800 多年的建都史。明朝建立了十二监、四司、八局，统称为二十四衙门，其中御用监侧重为宫廷制造各种器皿。清代康熙初年，康熙皇帝成立了内务府造办处，选择最优秀的工匠进入宫廷服务皇家，鼎盛时期的造办处下设四十二作，有来自全国各地二百多位能工巧匠。清王朝解体后，造办处的工匠散落民间，有的就留在北京周边，就这样逐渐形成了八种绝技，被称为燕京八绝。燕京八绝囊括了金漆镶嵌、花丝镶嵌、景泰蓝、牙雕、玉雕、雕漆、京绣、宫毯八种绝技，这些工艺最初都是从宫中传出的。

《繁花》手包套装

从古至今，小到"修身、齐家"，大到"治国、平天下"，中国人民的生活充满着礼仪制度。这些礼仪制度经过数千年的凝练、积淀，成为广大人民群众行为的规范，维护着中华民族的和谐延续。在中国传统文化中，礼文化及其所蕴含的礼治精神一直占据着核心地位。中国有个成语叫作"礼尚往来"，本义指的是礼节上讲求有来有往，最早出自《礼记·曲礼上》："礼尚往来。往而不来，非礼也；来而不往，亦非礼也。"人们通过礼节上的往来，起到了系连感情、陈情达意的目的。

礼的历史，在中国由来已久。相传礼起源于远古时的祭祀活动。在祭祀中，人们除了用规范的动作、虔诚的态度向神表示崇敬和敬畏外，还将自己最珍贵、最能体现对神敬意的物品（即牛、羊等"牺牲"）奉献于神灵。后又演化为古代战争中由于部落兼并而产生的纳贡，被征服者定期向征服者送去食物、奴隶等，以示对征服者的服从和乞求庇护。

从一开始起，礼的含义中即有物质成分，礼以物的形式出现，即礼品。礼品与物品的区别在于，它承载着文化的规则，也就是礼节。礼品作为礼节来往的载体，蕴含着中国人的审美判断和精神趣味。中国有一个说法，礼品即人品。送父母，送亲戚，送朋友……通过礼品可以看出送礼者的为人和态度。在一次次的物物赠予、交换或回礼中，中国人最看重的人际关系和社会资源得到了凝聚、提炼和升华。

礼品的选择有诸多讲究，尤其要注意不能犯了忌讳。"钟"是中国人最忌讳的礼物，因为"送钟"与"送终"同音，寓意不吉利。"梨"和"伞"与"离"和"散"同音，也不是送礼的佳品。帽子虽然可以被选作礼物，但是颜色一定要注意避开绿色，因为绿帽子象征着一个男人的妻子对他不忠，送绿帽子会被视作对男性的羞辱。因此送礼物既要考虑到受赠者的身份、年龄、喜好，又要做工精美、寓意吉祥、内涵丰富，这样不仅可以体现出赠予者的品位与素养，还可以体现出对受赠者的尊敬、了解和美

"牺牲"最初用于祭祀

在古代，"牺牲"指的是用于祭祀的禽畜，通常是指马、牛、羊、鸡、犬、豕等。"国之大事，唯祀与戎"，所以古人对宗庙祭祀非常重视，不但制定了严格、复杂的礼制规仪，对于祭品也有着严格的规定：只有纯色、完整的牲畜，才能叫作"牺牲"。《国语·周语上》记载："使太宰以祝、史帅狸姓，奉牺牲、粢盛、玉帛往献焉，无有祈也。"后来，牺牲的含义逐渐宽泛，也用来泛指用其他动物所做的祭品了。

正是由于牺牲最初是用作祭祀的，这些祭品是在舍弃自己的生命为大家祈福，"牺牲"一词后来也就逐渐有了自我奉献的意思。

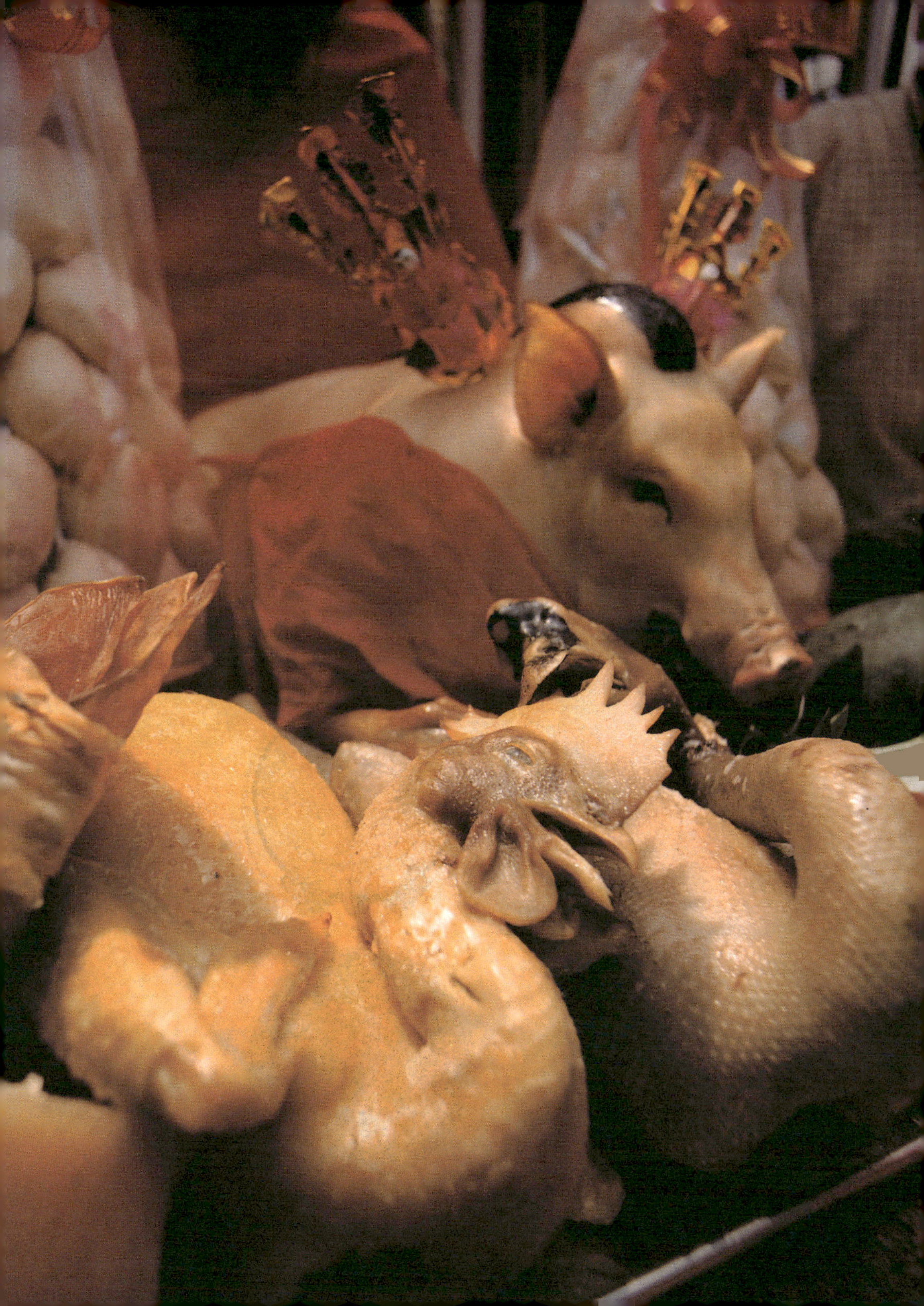

好的祝愿。

　　作为重视礼仪的民族，中国人赠送和接受礼物时也有很多细节。比如送礼要选择适合对方的礼物并进行适当的包装，收礼时首先应该礼节性地拒绝，然后才能收下，而且要双手捧接礼物以示尊重。接过礼物后，受赠者一般不会当面打开包装，而是要等赠者离开后再打开。这样做一则可以避免受赠者显得迫不及待，有失涵养；二则可以避免受赠者当面流露出喜欢或厌恶的神情，中国人认为这样的表露不够矜持和含蓄。

　　礼物不仅可以用于个人的日常交际，还可以在国际交往中发挥作用。以国家元首、政府首脑或以国家和国家政府名义互赠的礼品，被称作国礼。国礼代表国家形象，蕴含着丰富的政治语言。不同国家在国礼的选择上有着不同的偏好——有的是颇为罕见的奇珍异宝，有的是代表传统的土特产品。亚洲国家常送古董或良种马；非洲国家爱送镶着宝石的象牙；南美

国礼是如何挑选的

中国自古以来就是礼仪之邦，讲究礼尚往来。在外交领域，国礼看似小事情，实则深藏大智慧。外交无小事，送礼有学问。

新中国成立以来，中国国家领导人出国访问或是接待外国领导人都会送国礼。也有特殊情况，有些国家和中国往来密切，领导人经常到访中国，这些国家的领导人到访前，礼宾司等部门就会和对方礼宾官员事先沟通，不一定每次都准备国礼。雕漆、陶瓷、景泰蓝、刺绣等工艺品，是礼单中的"常客"；丝织、湘绣、描漆和陶瓷的领袖像，也时常被列入国礼名单。随着时代的发展，国礼也从贵重的礼品逐渐演变成投对方所好的礼品，务实不贵。

国家则喜欢以镶有玛瑙的铠甲送人。意大利领导人在相当长的时间内，对外赠送的国礼是艺术大师米开朗琪罗作品的银制复制品；英国首相赠送的则是为来宾专门制造的带有英国象征的器皿，而且绝无重样；镀金兰花是新加坡政府为领导人出访准备的特选礼品；约旦国王爱送本国出产的橄榄油；阿富汗前总统卡尔扎伊喜欢送手工刺绣地毯……

国礼是一个国家、一个民族表达庆贺、友好、敬意以及价值观的立体语言。借助国礼传递我国的政治立场、道德观念、传统文化和民族精神，是我国常用的"软外交"手段。"外交无小事，送礼有学问。"国礼的选择必须慎之又慎。中国的各种手工艺品巧夺天工，因此成为国礼的首选。

传统工艺品是传统文化遗存下来的最鲜活、最直观的文化标志，是中华传统文化的艺术体现。国礼是民族文化与民族精神的独特标识。在一件件国礼的制作中，中华民族精妙绝伦的传统工艺得到了传承，新时代泱泱大国的精神风范也得到了彰显。

177

《和美》纯银錾刻丝巾果盘

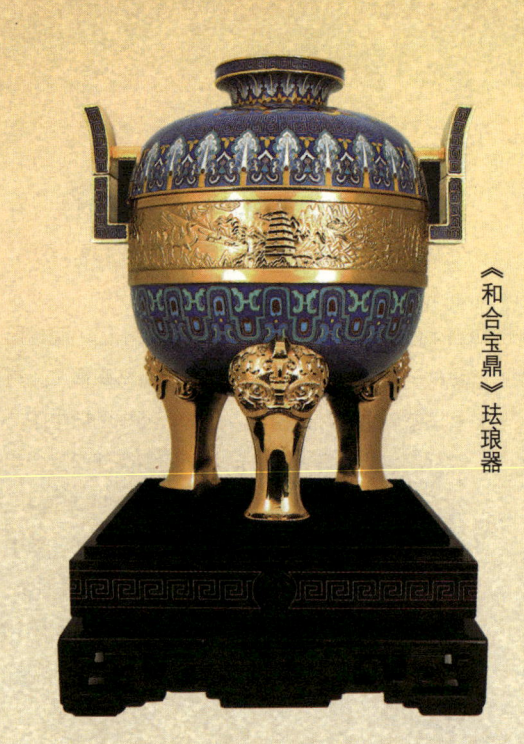

《和合宝鼎》珐琅器

《梦和天下》首饰盒套装

2012年上海世博会徽宝《和玺》

国礼篇

白玉《链瓶》

《蝶舞春晖》景泰蓝赏瓶

《京韵鼓楼》景泰蓝赏盘

《貔貅聚宝》

《吉祥法螺》

工艺品篇

我为祖国做国礼
——记我们一同走过的国礼创作之路

冯超　北京工美集团技术中心总经理、总工艺师

每当战斗的号角吹响时，一场场为了祖国、为了工美、为了荣耀而开始的"国礼大会战"也会随即展开。每一次，对于我和设计团队来说，是任务，是责任，更是使命担当。

一遍遍地筛选主题方向、确定工艺材质、完善细化方案、设计配套附件，一遍遍地参与设计竞标、打样生产制作、保障赠礼服务……几年内，我和设计团队完成了数十项国家级重大活动礼品的设计制作任务，在"一带一路"国际高峰论坛、亚洲文明大会等大型主场外交活动及多个双边外交活动中，40余款100多件作品被选为国礼，赠送国际组织或负责人、各国元首及其配偶。我们用自己独有的方式，立足当代，熔古铸今，用一件件精美的饱含时代精神的国礼，见证大国外交的每一个历史时刻，为国家留下一片美好记忆。回首每一个国礼项目的制作过程，当时的情形依然历历在目。

2015年5月18日,工美集团接到了一项"神秘"的政治任务,要求设计制作一件新国礼,作为中国庆祝联合国成立70周年赠礼,这件国礼将长久陈列在纽约联合国总部。随后,经过紧锣密鼓的设计创作,方案征集,头脑风暴,在不到一个月的时间里,经过多轮修改完善,最终由中共中央办公厅外交部联合北京市政府,选定7套8款方案进入打样制作环节。我主创的景泰蓝作品也被选入其中。

为了完成这件作品的制作,我和设计师们几乎驻扎在了工厂,跟进并参与每一个环节的制作。造型多变的景泰蓝作品在制作时一直在挑战传统制作工艺的极限,从制胎、掐丝,到点蓝、烧蓝,都存在着巨大的难度,经验丰富的老师傅们也不敢保证一定能成功。最终,经过反复尝试,终于成功地将这件作品制作出来。

2016年10月18日,工美集团接到任务,参与第一届"一带一路"国际高峰合作论坛领导人及其配偶的礼品设计研发和竞标。最终有3组6件礼品被选为国礼,礼品均出自工美集团,其中《共襄盛事》景泰蓝赏瓶、《和合之美》捧盒套装、《和韵》捧盒,由我和设计团队完成。最值得一提的是《共襄盛事》景泰蓝赏瓶这件

《共襄盛事》景泰蓝赏瓶

181

《和韵》捧盒　　　　　　　《和合之美》捧盒套装

作品，工艺水平之高，可谓是挑战了景泰蓝工艺的极限。

初次见到这件作品的人，可能以为它是一件青花瓷作品，为它的器型感到惊艳。这件景泰蓝作品制作精良，丝工严谨，釉色纯度极高，过度晕染极其自然，这一切都是源于精益求精、追求完美的工匠精神。在生产制作中，我们特意选用了1.55毫米的丝，点四五遍蓝，不上亮白，保证整体颜色纯度更高，质感更厚重。在配色方面，工厂专门为此作品重新配置颜料，先后调配了五套相近的蓝色系颜色，最终选用一套，含八种蓝色，十二种过渡色。整体既有所区别又和谐统一。为保证白色的洁白无瑕，从制胎到掐丝点蓝都有特殊工艺处理，以达到最终成品白色部分干净透亮，如瓷器般温润。

生产期间，我们充分发扬精益求精、精雕细琢的工匠精神。为了达到高标准的掐丝要求，避免不断返工，我和设计师常驻工厂，与负责人、工人师傅沟通、验活。大到整体丝工的位置对称，小到每一根丝是否饱满，转折是否到位都要检查。为了追求瓶身花活（龙首）部分的精神气和中国传统韵味，设计师蹲点錾刻工厂，先后修改了七版，反复调整十余次。正是在这样近乎苛刻的要求下，《共襄盛事》景泰蓝赏瓶才能完美呈现在大家眼前。2017年5月，"一带一路"国际高峰合作论坛在北京召开，每位参加会议的领导人及其配偶都会收到这样一份来自中国的礼物。

2016年11月29日，工美集团接到了一个紧急的设计制作任务，要求完成一尊制作精美的《针灸铜人》雕塑，将于2017年1月赠送给世界卫生组织。和以往的任务不同，据悉这项工作已经由某美院制作完成，但是外交部对这件作品的做工十分不满意。因此，设计制作任务还是交给了北京工美集团。

时间紧任务重，技术中心是项目的执行单位，接到任务后，我带领设计团队快速启动设计工作。设计师连夜研究针灸铜人发展历史，认真梳理中国官修针灸铜人传承脉络。在短短一周时间内，我们迅速设计完成了十余套方案，包括铜人外形、颜色、底座、揭幕方式等诸多内容，并进行了反复的修改和完善。经过方案研讨会、专家研讨会等十多次会议，在听取各方专家和领导意见后，从聚焦的三套设计方案中，确定了最终方案。此时，距离国家领导人出访瑞士，仅剩一个月时间。进入制作阶段后，我和工厂专业技师连夜进入国家博物馆，对针灸铜人进行3D数据扫描和精微的数据处理，设计师、工艺师驻厂全

《针灸铜人》雕塑

程跟进铜人的生产制作过程，现场与工厂研究方案细节及表面处理技术。

天道酬勤，2017年1月10日，国礼《针灸铜人》和相关配件及时、完美地呈现在北京市和外交部领导的面前，并得到了领导的充分肯定和高度赞扬。《针灸铜人》设计制作完成后，我们面临着更大的考验。按照市领导要求，集团公司要组建赴瑞士赠礼服务保障工作组，负责国礼《针灸铜人》的安装展陈、赠礼服务、仪式后永久安放等保障工作。为了确保工作顺利完成，我们实行专人专项负责制，确保每个环节都有专人负责。尤其是在1月14日，工作组辗转20余个小时到达日内瓦后，我们立刻前往赠礼仪式现场进行踏勘。大家分工明确，有条不紊地按照事先演练步骤，完成铜人组装和摆放工作。赠礼仪式结束后，工作组迅速拆卸礼品，分别运至礼品永久摆放位置进行重新安装。在场的中方领导及世卫组织官员，高度赞扬工美团队的专业素养和敬业精神。

2017年8月7日，工美集团再次接到设计任务，要求设计制作一件永久雕塑，作为参与越南APEC会议21个经济体之一赠送的国礼，永久陈列在举办地越南岘港。接到任务后的一个星期，我带领的技术中心设计团队就提供了十余套方案。经过激烈的竞标和漫长的等待，最终确定我们的《和梦同圆》为最终中选方案。这时候，距离会议召开只有一个月的时间了，如何在这短短的时间内，实现方案从理念到实物的转换，是一个不小的难题。

首先是泥稿的制作，既然是制作雕塑，当然要先制作泥稿满足"翻模"的需求，我带领两位雕塑专业毕业的设计师连续加班一周，反复推敲和修改，终于完成泥塑小稿制作，也完成了《和梦同圆》雕塑从二维平面到三维立体的第一次完美转换。在剩下不到一个月的时间内，我和团队迅速将泥稿送至位于山西的雕塑制作工厂，连夜3D扫描数据，跟进并参与雕塑建模重建和精修、铸造焊接、打磨着色、拉丝贴金等主要环节。期间横跨一个"十一"国庆假期，我们没有休假，四次往返于北京和山西。遇到工艺难题，工厂解决不了的时候，我和团队就自己上手带动工人师傅们一起参与，无论是修改模型，还是打磨抛光，我们都直接上手，参与其中。

就在《和梦同圆》雕塑加工制作的同时，现场安装的预案及方式也在反复地研究中。考虑到现场的安装条件和雕塑165公斤的重量问题，我和团队根据专业知识和过往经验，向出行工作团的领导建议将吊装设备进行改装，随雕塑一起托运至越南，以便提高工作效率，顺利完成安装工作。等到2017年10月进行现场安装时，面对风雨交加的恶劣天气，工美团队仅用了三个半小时就将雕塑安装完毕。如今，"和梦同圆"作为永久性雕塑矗立在越南岘港，如一个文化与和平的使者，在越南岘港的土地上传递着中国"求和平、谋发展、促合作、图共赢"的美好愿望。

此外，我与设计团队的作品《和平万象》珐琅摆件、《文明互联》景泰蓝双联

《和梦同圆》雕塑

瓶,被选为亚洲文明对话大会赠礼;《和平欢歌》景泰蓝赏瓶,被选为中国抗战胜利70周年大阅兵(9·3大阅兵)赠礼;《灵猴献瑞》景泰蓝赏盘,被选为亚洲基础设施投资银行(简称亚投行)开业赠礼。除此之外,景泰蓝内画《如意尊》《福寿吉祥》景泰蓝画、《瑞彩和美》捧盒、《锦绣天下》花丝果盘、《友谊之花》景泰蓝摆件、《友谊长青》珐琅摆件、《碧落蟠桃》景泰蓝赏盘、《秋桃绶带》景泰蓝板画、《一帆风顺》景泰蓝赏盘、《友谊长青》景泰蓝摆件、《魅力冬奥》景泰蓝赏瓶、《丝路扬帆》珐琅摆件、《激情冬梦》景泰蓝赏瓶、《凝香聚瑞》花篮、《共襄盛事》景泰蓝赏瓶、《和平万象》景泰蓝摆件、《吉祥太平》景泰蓝尊、《一帆风顺》景泰蓝赏盘等均被选为国礼。

我亲历了近年来的每一个国礼项目,我和团队心里始终有一个信念,那就是"保证国礼圆满完成"。有了这样的信念,在紧急和困难面前,面对千难万险,我们彼此之间高度信任、相互鼓励、默契配合,不会放弃任何一点希望、错过任何一次机会;有

《和平欢歌》景泰蓝赏瓶

《瑞彩和美》捧盒

了这样的信念，在时间紧任务重，加工环境极端恶劣的情况下，我和团队成员没有人抱怨，没有人退缩，没有一个人脱离自己的岗位，没有一个人在关键时刻掉链子。

　　我要为我热爱的祖国贡献力量，我要为我深爱的工美做出实事，这样的初心和使命一直激励着我们不断前行。"国礼"给我们团队带来了极大的荣耀和自豪。虽然每次制作过程都很艰辛，但大家从不抱怨，因为值得！在纽约联合国总部、瑞士世界卫生组织总部、联合国驻日内瓦总部，我们三次现场服务重大国礼的赠送仪式，现场见证了国家领导人为国礼揭幕。当我们身在异乡，亲眼见证习主席赠送国礼时，心情非常激动，一种崇高的国家荣誉感油然而生。能够为国家作出一份贡献，是我们工美人的无上荣光！

青花之恋

青花之恋

「白釉青花一火成,花从釉里透分明。可参造化先天妙,无极有来太极生。」

火：诞生

有这样一种神奇的物品，它原是黝黑而不起眼的泥土，却肯接受千百锻炼，在火的考验中愈发坚强，愈发生机。质朴的本尊焕发出新的光泽，由暗沉的颜色转换成青白的典雅搭配，由柔软的材质蜕变成刚毅外壳，由不成形体变得姿态万千……在大放异彩之时，它亮堂堂地呈现在人们眼前，毫不遮掩地展露着制造者的高超技法、匠心独运。

在2011年澳门中信秋季艺术品拍卖会上，一件"元青花《萧何月下追韩信图梅瓶》"以8亿4千万港币成交，创下了当时中国文物艺术品单件成交的世界纪录。这件梅瓶由景德镇窑烧制，高44.1厘米，底部直径13厘米，腹径28.4厘米，口径仅5.5厘米；口部短小，肩腹部浑圆，下腹部瘦长，平底。通体绘有青花纹饰，肩部绘杂宝及缠枝牡丹花纹。牡丹乃花中之魁，象征"雍容华贵，大气超凡"。腹部绘制"萧何月下追韩信"的历史故事，人物神情尤为精彩：萧何策马狂奔时的焦虑、韩信河边观望的踌躇不定、老艄公持桨而立的期待，都被表现得淋漓尽致。空白处则衬以苍松、梅竹、山石，显得错落有致。整件器物造型端庄、稳重，胎质洁白致密，青花发色苍翠浓艳。

像这样的青花梅瓶全世界只有三件，除拍卖的这件外，一件收藏于江苏省南京市博物馆，系该馆的"镇馆之宝"，一件仍在海外下落不明。它是元代青花瓷中的罕见珍品，被列为中国瓷器三绝之一。

瓷用含有较高三氧化二铝的黏土制胎，经过1200度以上高温烧成，表面施有高温下烧成的釉。瓷器质地致密、不吸水分，叩击时发出清脆的金石之声。最早的瓷器是单色釉瓷器，直到青花瓷的出现，才有了彩瓷。

青花瓷又称白地青花瓷，常简称青花，是中国瓷器的主流品种之一，被认为是中国瓷器的代表和巅峰。其制作过程，即便对中国人来说，也是一个奇迹，一种秘密。青花瓷是以含氧化钴的钴矿为原料，在陶瓷坯体上描绘纹饰，再罩上一层透明釉，经高温烧制而成的瓷器。黑色的钴料烧成后呈蓝色，钴的含量越高，蓝色就越正，钴料具有着色力强、发色鲜艳、烧成率高、呈色稳定的特点。

烧制一件陶瓷需要经过七十二道工序，每一道都追求精细准确，尤其是对于温度的掌控，更是容不得半点马虎。著名画家兼陶瓷设计大师陆履峻说："这把火就是瓷器的生命线，稍不留神就不行。"在密封的窑炉中，火的洗礼让青花瓷获得永不褪色的生命，也使最终成品的样子变得神秘莫测。即使是两件花纹和规格完全一致的瓷器，如果烧制温度不同，出炉后的效果也会截然不同。每种瓷器都有特定的温度要求——过了上限则颜色发灰，瓷器表面会起泡沫和针眼；温度若是不够，颜色就会灰暗、发褐，

萧何月下追韩信

韩信是秦末名将，但他在投奔刘邦后，只做了个管粮食的小官。丞相萧何遇到韩信，发现韩信有非常之才，便向刘邦举荐韩信，但总是不被采纳。韩信渐生不满，在刘邦至南郑途中离去。得知韩信出走，萧何焦急万分，顾不上向刘邦报告，便亲自连夜率人追赶韩信。许多人以为萧何想去投奔项羽，这使得刘邦也非常生气。萧何终于追上韩信，劝其回心转意。之后，萧何正式向刘邦举荐韩信，并说，如果想夺取天下，非得用韩信不可。在萧何的力谏和劝说之下，最后刘邦终于采纳了萧何的建议封韩信为大将。韩信果然不负众望，屡次替刘邦救险，后被封为淮阴侯。

瓷器的光洁度也烧不出来。只有在完美的温度控制之下，烧出来的瓷器才能清澈、透明、莹润，而这个温度的数值是不外传的。

青花瓷是中国历史上对外贸易的一个大项，这个独具中国特色的产品当年行销世界，所到之处，当地人争相购买，视为奇珍异宝。

1998年，德国打捞公司在印尼勿里洞岛海域发现了一艘唐代沉船"黑石"号，其装载的货物中，仅中国瓷器就达到67000多件，瓷碗上带有"唐代宝历二年"铭文。据研究，这艘船很可能由扬州启航，目的地是远在西亚的波斯湾。到元代，景德镇外销青花瓷贸易逐渐成熟，已然可以通过海陆畅销亚非各地。在东南

亚地区都有大量出土的元青花瓷器。明代郑和的"航海外交"也拓展了景德镇青花瓷的外销范围，大洋洲和美洲亦可见到瓷器的踪影。作为最受欢迎的"外交产品"，外销瓷烧造地也从多元化逐渐转为以景德镇为中心的格局。青花瓷作为瓷都景德镇的宠儿，从中国中南部出发，乘着片片风帆，向全世界展示着中国审美和中国制造，并成为中国传统文化的象征和传统手工艺品的代表。

青：历史

　　青花瓷的种种玄机，并非天赐。而是有那么一批普通人，在平凡的日子里，面对瓷器，面对钴料，面对色彩，终日不停地琢磨。只为在那方寸之中，勾勒天地的流变，寄托精彩的画思，打造精神的寄托……

　　中国是瓷的故乡，中国的英文名"China"就有瓷器的意思。青花瓷的历史最早可以追溯到千年前。原始青花瓷于唐宋已见端倪。从扬州出土的唐青花瓷片来看，胎质多粗松，呈米灰色，烧结度较差。底釉白中泛黄，釉质较粗。器型以小件为主，有炉、碗、罐、盖等。纹饰除丹麦哥本哈根博物馆收藏的鱼藻纹罐以外，其余的均为花草纹。

> **"天青色"真的要等烟雨天吗**
>
> 周杰伦一曲《青花瓷》风靡一时，这首歌除了体现优美的意境，更体现出我国古代陶瓷生产高超的工艺。歌词中，最让人印象深刻的便是"天青色等烟雨"，词作者方文山用天青色来形容青花瓷。他曾在一次访谈节目中解释道：在收集写作资料的过程中，我因"雨过天青云破处，这般颜色做将来"这一词句触发灵感，写下副歌的第一句"天青色等烟雨"。
>
> 这个典故出自北宋徽宗年间，一日徽宗在梦中看到雨过天晴后天空出现的颜色，醒来后他便让窑工以此入色，制作出天青色的瓷器。瓷器烧成之日，徽宗便以"雨过天青云破处，这般颜色做将来"为名，从此天青色便成为汝窑的代名词。

宋代是我国历史上瓷器业发展史上的第一个黄金时期，为中国、为世界贡献了无可匹敌的单色釉瓷器，也创烧了令世界收藏界趋之若鹜的宋代五大名窑。或许是宋代的单色釉和五大名窑太过有名，又或许是宋代徽宗皇帝有自己独特的审美标准，喜欢雅致、精致的单色瓷器而不喜欢艳丽的彩色瓷器，才使得宋代的青花瓷备受冷落，得不到发展。

　　而随后的王朝中，大批阿拉伯、波斯和中亚穆斯林迁居中国，国家整体文化较为开放，多元交流促进了各种文化相互融汇。元朝是蒙古族建立的少数民族政权，蒙古族人具有开朗大方、不拘小节的性格，过着马背上的生活。青和蓝象征着蓝天白云的颜色，是他们心中最纯洁和神圣的色彩。游牧民族对蓝天白云的喜

元青花《萧何月下追韩信图梅瓶》

爱也逐渐糅进了中国的审美文化。生活中他们喜欢听戏,从戏曲中感悟人生。所以当时的制瓷工匠就以典型的戏曲故事为题材创造青花绘画,以表现圣主贤臣的政治意义。元青花《萧何月下追韩信图梅瓶》的创作就与当时的社会风俗有很大的关系。

  青花瓷的制售也于此时成熟,集中体现在元代的景德镇。景德镇素有"瓷都"之称,瓷器造型优美、品种繁多、装饰丰富、风格独特,以"白如玉,明如镜,薄如纸,声如磬"著称。考古发掘表明,景德镇自五代开始生产瓷器,宋、元两代迅速发展,至明、清时成为全国的制瓷中心。景德镇有多座历史悠久的镇窑,窑炉的型制体量、结构比例、砌筑材料和手工技法都有一定的讲究。巧妙的结构使得不同窑位的温度不一样,可以同时烧造出几十种不同类型的瓷器，代表了世界传统制瓷窑炉营造技艺的最高水平。元青花瓷胎体厚重、造型厚实饱满。胎色略带灰、黄，胎质疏松。底釉分青白和卵白两种，乳浊感强。器型主要有日用器、供器、镇墓器等，尤以竹节高足杯、带座器、镇墓器最具时代特色。元青花的纹饰最大特点是构图丰满，层次多而不乱。纹饰的题材极为丰富，有人物、动物、植物、诗文等。

元代是中国陶瓷史上不容忽视的重要时期。在元代以前，中国瓷器以没有花纹的素面为主流，元青花的出现改写了中国瓷器的审美取向。元代青花瓷之所以能在前代基础上突飞猛进，一个重要原因是使用了来自海外的色料，专家称这种色料为"苏麻离青""苏渤泥青"等。它是锰含量较低、铁含量较高的钴料，故而能烧制出漂亮的青色花纹图案。有学者认为从"苏麻离青"这个发音上说，这种色料来自索马里，也有说来自苏门答腊。但是，一般认为，"苏麻离青"来自波斯（今伊朗）和叙利亚一带。

明清时期是青花瓷器达到鼎盛又走向衰落的时期。明永乐、

195

宣德时期是青花瓷器发展的一个高峰，以制作精美著称；清康熙时以"五彩青花"使青花瓷发展到了巅峰；清乾隆以后因粉彩瓷的发展而逐渐走向衰退，虽在清末（光绪）时一度中兴，但也无法延续康熙时的盛势。总的说来，这一时期的官窑器制作严谨、精致；民窑器则随意、洒脱，画面写意性强。清代龚轼先生说："白釉青花一火成，花从釉里透分明。可参造化先天妙，无极有来太极生。"每一件素雅清丽的青花瓷都独具特色和生命力，彰显着匠人们巧夺天工的构思和想象力。

如果说拉坯为青花瓷塑造形体，那么绘画则赋予瓷器以灵魂，这是青花瓷获得艺术生命的关键所在。从明晚期开始，青花绘画逐步吸收了一些中国画绘画技法的元素，提升了瓷器装饰艺术的品位。工匠们向文人画学习，将水墨画的浓淡引入瓷画装饰：20世纪前期，景德镇一位大胆艺人王步，第一次将中国传统水墨画的技法引入，创造了一种叫作"分水"的绘制工艺。利用钴料和水的不同比例，分出九种不同的色阶。使青花的浓淡开始有了过渡。从此，青花瓷开始呈现出不一样的面貌。

著名画家兼陶瓷设计大师叶建新说："从古到今人们都认为陶瓷是工艺

瓷上作画的发展史

瓷器是一个综合性的艺术和工艺门类。宋代瓷器蓬勃发展，但由于技术原因，当时各类器皿都几乎没有画面装饰。宋代以来的工匠一直在进行尝试，而青花瓷，就是瓷器作画的重大突破。明代时由宫廷画师给出画稿，匠人用青花临摹，这在制瓷史上可谓登峰造极。但青花瓷的颜色单一、绘画方式受制作材料影响，还是与纸上绘画有很大差距。直到雍正年间，珐琅彩的出现丰富了画师可用的颜色，粉彩技术的出现打破了纸画与瓷画的分界线，它使瓷器上的色彩出现了层次过渡，大大提升了瓷器绘画的表现力，媲美纸画。直到这时，瓷器绘画才与纸画媲美。随着现代科技的发展，瓷器上可用的颜色和工艺愈发多样化，技术门槛不断降低，瓷上作画技术也愈发成熟。

《瑞雪》

品，传统的中国画家是不屑于去做工艺品的，他们认为画家和工匠是两个概念。"直到当代，这一传统才被打破。青花瓷的制作开始有画家参与，叶建新和陆履峻就是他们中的杰出代表。将青花和国画的艺术魅力结合，可谓相得益彰。二人尝试着将中国画与瓷器结合，让绘画与青花这两种艺术融合出新的创意。但这并非易事。

在陶瓷上作画跟在宣纸上作画迥乎不同。陆履峻始终追求着能在瓷器上创造出自己的意境，将雪景的明暗过渡呈现在青花上。早在1991年，他就曾尝试在瓷上作画。可满意的画作经过烈火烧灼，只在瓷身上留下一个淡淡的影子，仿若曝光不足的黑白老照片。这样的废品、次品，只能被毫不留情地砸掉——青花瓷的纯粹和高贵，绝不允许行业对产品质量放松丝毫。试图在青花中融合水墨技法的叶建新也发现了其中玄奥："好的宣纸画上去，每一个水迹都能留下。但是陶瓷比它还要强烈，你每一笔的运动方式，每根笔毫的笔触，都能在上面展现出来。所以宣纸能达到的效果在陶瓷上面能达到，宣纸达不到的效果，这上面也能达到。"

功夫不负有心人。在经历了成百上千次的失败之后，2002年，陆履峻的青花作品《瑞雪》终于问世，并获得香港世界华人艺术展金奖。从此，陆履峻的青花作品被海内外收藏家以数十万的价格收藏。

更多的画家涉足青花瓷领域，为这一古老的工艺带来了更多的变化。这些风格不同的青花瓷，呈现出鲜明的艺术家个性。从无名的工匠到工艺大师，再到画家作品，青花瓷始终跟随时代前进的足迹，活泼而不失风范。

融：新生

在现代社会经济文明快速发展的今天，青花瓷以其独特的魅力不断向外延伸。无论在国内还是国外，传统的青花瓷元素被重新定义、组合、淬炼，被广泛应用于包装、服装、建筑、室内设计等各个领域。对于当代中国人来说，将青花瓷这种底蕴深厚的传统元素融入现代生活，使人们的衣食住行都能与之结合，才是对它最好的保护和发扬。

2002年9月，张连志在天津花了3000万元人民币将一座百年小洋楼买下，决定将它改建成一座瓷楼，为中国悠久的瓷文化建一座生动的纪念碑。他说："我这法式洋房有上百年的历史，我赋予它第二次生命，用中国的符号，给它重新穿上中国的衣服。

我想做的事，是给它一个传承。"

　　2007 年 9 月，全身镶嵌着 4 亿多片古瓷片、13000 多个古瓷盘和古瓷碗的瓷房子正式对外开放。建筑的大门、门柱、窗户、房顶、屋檐，目之所及之处全被瓷片和瓷器覆盖，各种瓷片光彩夺目，形成了极其强烈的肌理层次感和空间立体感。青花瓷是这座瓷房子的主角，蓝色的花纹勾勒出一道道天然的建筑装饰。不管是成品还是碎片，当它们被新的情感凝聚在一起，便超越了青花瓷的美学内涵，而获得了跨越历史的力量。

　　2008 年的北京奥运会上，有一款以青花瓷为设计元素的奥运会颁奖礼服同样吸引了全世界的目光。这套特别的礼服用白色的丝绸做料，装饰着典雅的蓝色绣花，衬托出东方女性的柔美和清

199

新。礼服上的花纹采用的是青花瓷的花纹元素，"我们是把青花瓷上面的一些主要图案，比如说花卉、卷草，给它截取下来，然后根据服装的结构，来进行再次的图案设计，最终应用到服装上面。"设计师尤珈说，"北京奥运会是我们向世界展示中国文化的最好窗口，如果要寻找一种最能体现我们民族文化与艺术的物质载体，那么非陶瓷莫属，而青花瓷又是我们中国陶瓷里最经典的、最有代表性的。青花瓷的典雅、素净、细腻等特质与我们中国女性的美也是相得益彰的。"

在北京地铁八号线的北土城站，青花瓷化身别致的空间装饰艺术，走入了人们的日常生活。这一设计方案是由来自中央美术学院城市设计学院的两位年轻设计师完成的。在图式和纹样的选择上，设计师李亮和曹群同样看中了花卉和卷草的元素："因为这类图案没有太大的争议性，也没有特别具体的指向，它就给人一种美的感觉，我们觉得这个用在公共空间是特别合适的。"在李亮

为何景德镇"瓷都"地位千年不倒

景德镇早在一千多年前就已是世界闻名的制瓷产业佼佼者，之所以"瓷都"地位千年不倒，是因为天时地利人和。

天时：景德镇处于亚热带季风气候带，温和湿润，这样的气候使烧制的瓷器胚胎不容易变形；地处丘陵地带，木柴资源丰富；景德镇还特有一种高岭土，含铁量低，质地洁白细腻，烧制的瓷器美观坚固。地利：景德镇的崛起有赖于当时政府的支持。景德镇起初叫作昌南镇，因这里的瓷器深受皇帝喜爱，被赐名景德镇，这里出产的器具逐渐成为宫廷皇室的专用器具，在官方支持下，景德镇制瓷业蒸蒸日上。人和：景德镇瓷器精美得益于大量技术精湛的工人群体。古时景德镇四面环山，交通受限，许多手艺人为躲避战乱流入景德镇，为景德镇制瓷业注入了生机和能量。

看来，青花瓷带给他最大的触动，在于细节上的美感。这是用任何一种机械的、数字化的方法都无法衡量的。

青花瓷生于中国，长于中国，带有深深的中国印记。在长期的历史发展进程中，它已经成为一种彰显中国文化的视觉符号，成为让世界惊艳的中国元素。一种工艺再神奇，也比不上人类内心情感的浓郁。为了保持传统的生命力，人们用自己的智慧之火，燃烧出美丽的花纹，青花瓷因此得以穿过急剧变迁的时代，始终陪伴着人们的生活。

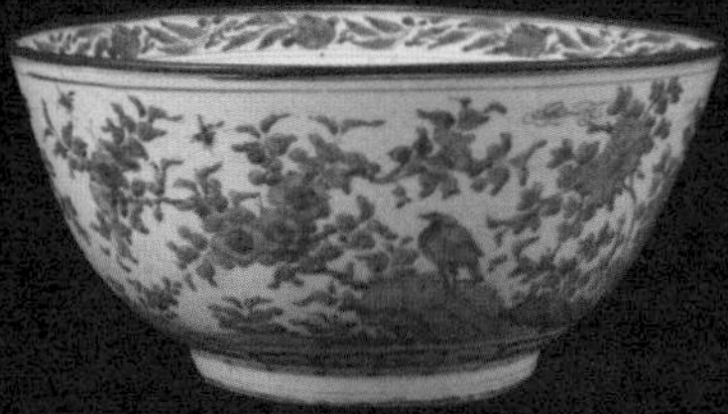

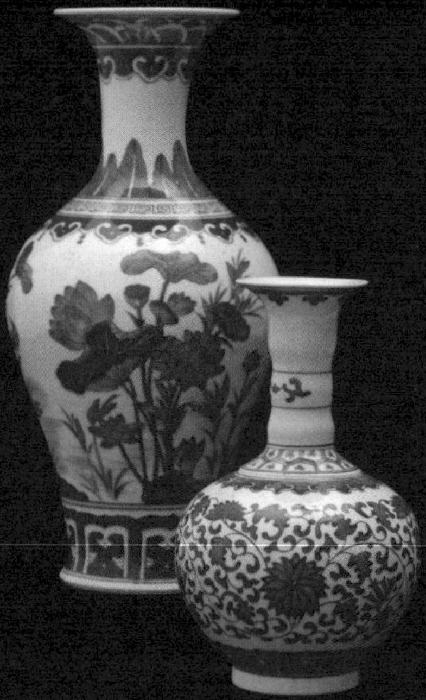

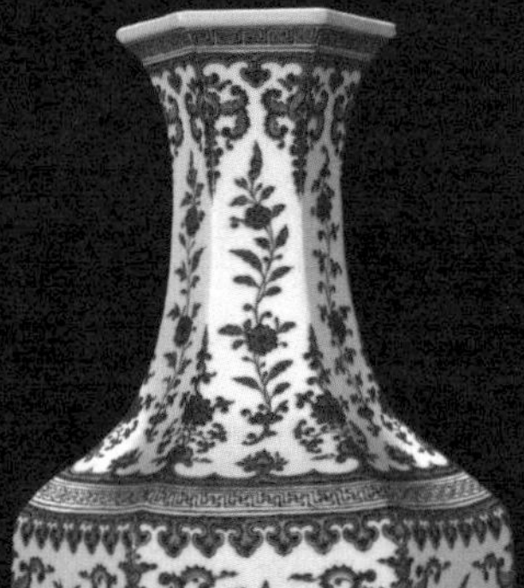

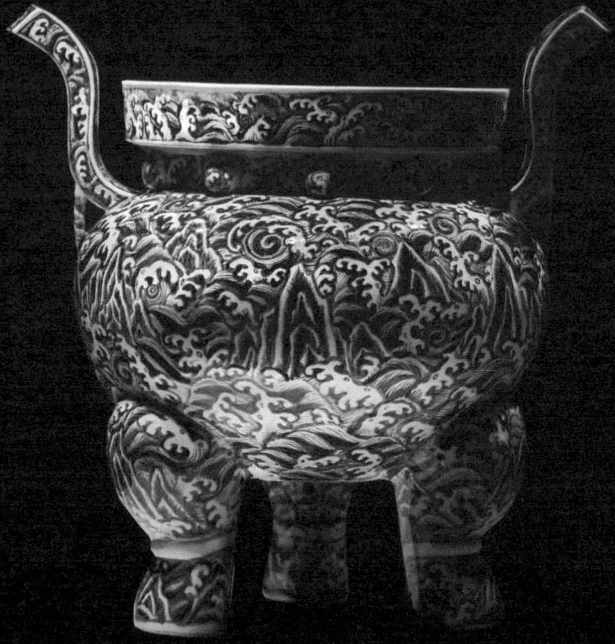

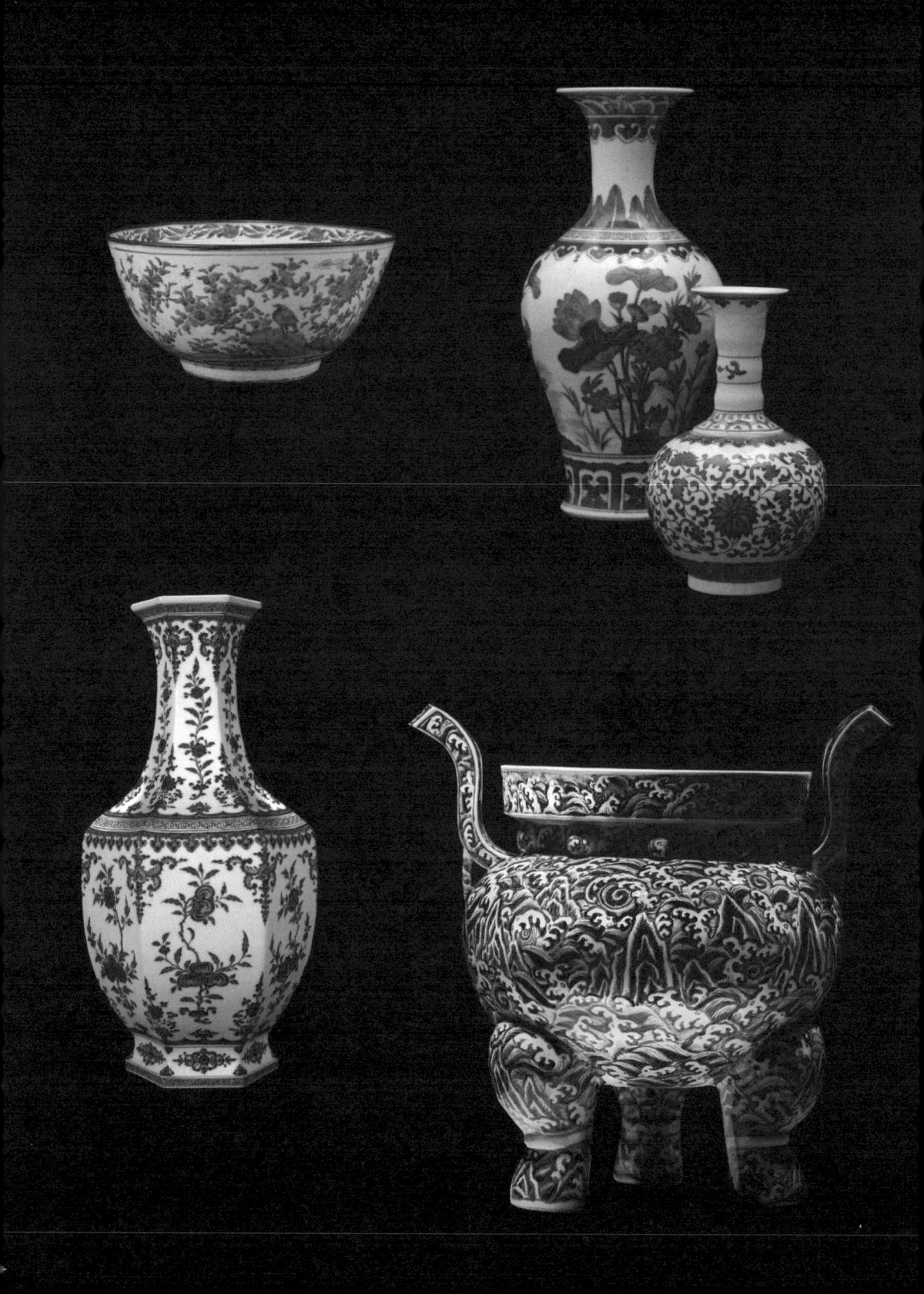

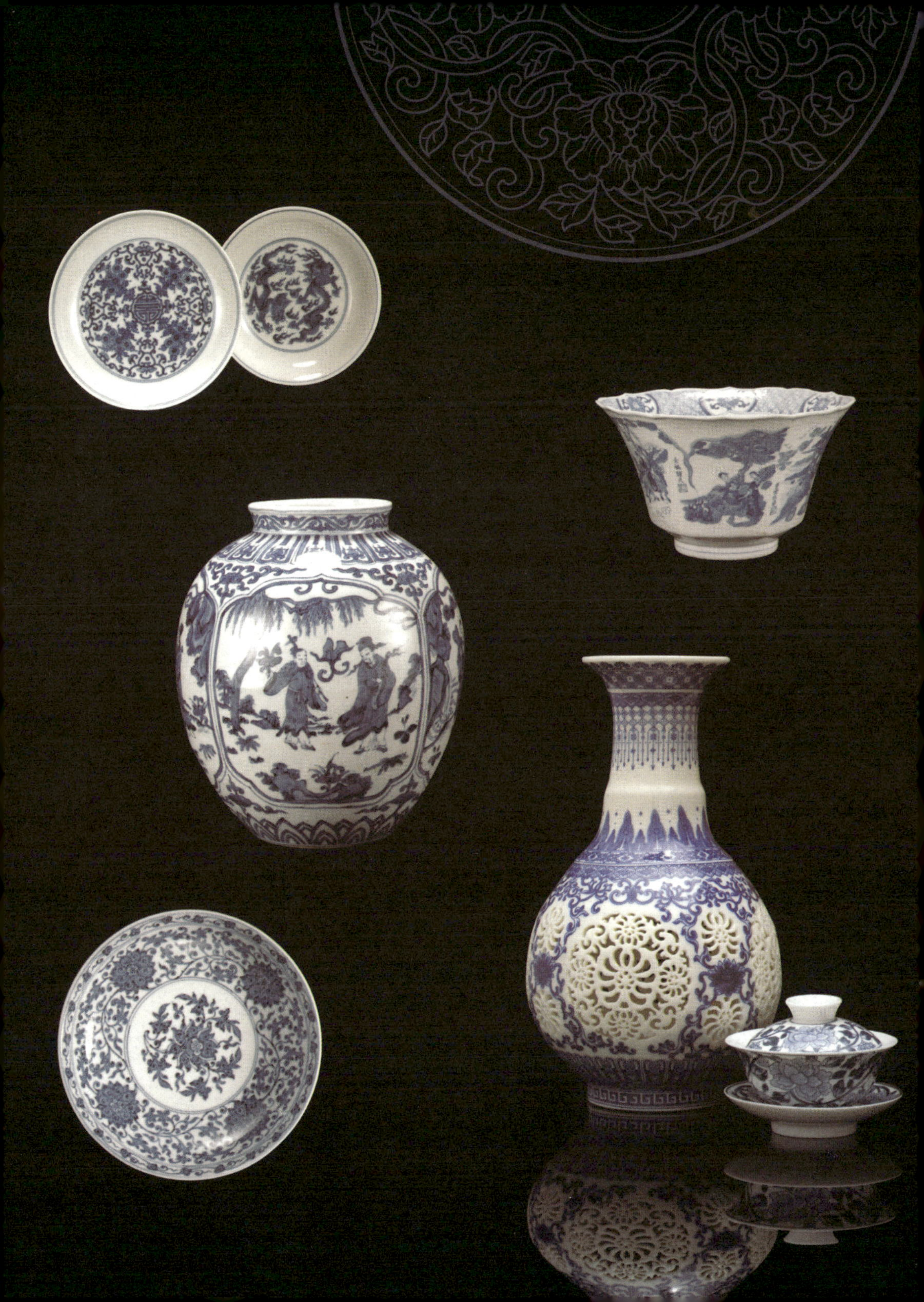

荷兰有座"景德镇"

安筱雅　自媒体作家

正如中国的瓷都景德镇一样，荷兰代尔夫特（Delft）也是一座以瓷器闻名全球的小城，是欧洲著名的"瓷都"。她是神秘画家维米尔和荷兰王室成员的安息之所，同时也是荷兰国宝"代尔夫特蓝陶"的起源地。在这里，人们可以见到最纯正的代尔夫特"国宝蓝"。当下，"代尔夫特蓝陶"已经成为荷兰风车、奶酪、郁金香之外的又一个文化符号。

这座小城有点"蓝"

代尔夫特是一座古朴且颇有趣味的小城，简单、缓慢、随和。代尔夫特蓝元素布满了这座小城的每个角落，橙色的房顶透露出小城的热情和愉悦。我常常想起漫步在那里的古朴石板路上，见到当地人慢悠悠骑车经过的场景；沿河停靠的旧船改装成咖啡馆的露天座位，坐着便能感受到代尔夫特专属的闲情逸致。

历史上，代尔夫特是荷兰著名的东印度公司总部所在地。代尔夫特起源于一条名叫奥德代尔夫特的人工水道，含义是"古代排水闸"。代尔夫特以堤防挡住北海，荷兰人挖掘出水闸道，用以排干沿海沼地，奥德代尔夫特因此得名。代尔夫特这座小城于1246年由伯爵威廉二世授予其城市权力，最早建立于荷兰西部南荷兰省。后来，这里逐渐成为重要的市集中心，相当于今天城市中心市集广场的地位。它位于荷兰海牙和鹿特丹之间，以酿酒和制陶闻名，也是荷兰东印度公司进口中国瓷器的重要口岸。

今天，代尔夫特是荷兰著名的观光城市之一。小城拥有一座历史遗留下来的内城，内城以前有环城水道护城，但现在只能看到部分河段。内城中遍布水道和小桥，古建筑林立，与阿姆斯特丹的市中心有颇多相似之处，因此也有人称代尔夫特是阿姆斯特丹的缩影。

代尔夫特这座小城，处处都是"青花"元素，丝毫没有留白的意思。走在大街小巷中，才会知道这座小城有多么"青花"。暂不提纪念品商店以及遍布城中的各类陶瓷店，即使随便走在一条不知名的街巷里，都会在不经意间看到青花。如在街角停放的青

花自行车、咖啡店里的青花杯等。色白花青的陶瓷，已经完全融入了当地人的生活。

走到一座小广场，路灯柱上也贴着蓝陶。红色的屋顶掩映在绿色的树叶中，配上蓝色的青花，相得益彰。街心花园里，有一张大大的蓝陶制长椅。黄昏落日浅照，青花长椅背面还藏着一座红色建筑，精致的场景令人感叹。

"代尔夫特蓝陶"的前世今生

虽然荷兰的"代尔夫特蓝陶"源自对中国青花瓷的模仿，却

独具一格，因为蓝陶是陶器，而中国青花瓷是瓷器。

1584年，荷兰皇宫通过西班牙、葡萄牙向中国景德镇订购青花瓷和白瓷共计9.6万件，荷兰国王已萌生了仿制景德镇瓷器的想法。约1610年，荷兰东印度公司商人根据皇宫的授意，从中国景德镇等地采购白瓷釉和青花颜料。皇宫派专人筹建皇家代尔夫特陶瓷厂，召集制陶名匠在代尔夫特开始仿制景德镇的青花瓷，并通过反复试制，不仅吸收中国瓷器的釉质特点与染蓝技术，还借鉴日本彩画的画法。然而，在仿制过程中，工匠们很快发现，荷兰并没有高质量的瓷土，即便进口景德镇的陶瓷白釉和青花颜料，还是无法烧制出和景德镇一样的青花瓷。他们想尽各种办法，在白色陶土的外面施化妆土，制成白釉蓝花精细陶器。

1630年，荷兰代尔夫特制陶工匠受到中国南京瓷塔彩色瓷砖的启发，开始生产彩色陶砖。他们用白陶砖拼成长方形，在上面绘制梅花、牡丹、狮子等图案，供欧洲各国皇宫建筑宫殿。

1647—1665年，清兵入关，中国发生战争，荷兰东印度公司商人从广州运到荷兰的瓷器大大减少。为满足市场需要，代尔夫特皇家陶瓷厂大量仿制中国青花瓷，发展为著名的"代尔夫特蓝陶"。这种陶器看起来与中国青花瓷极其相似，除供皇宫使用外，还大量供应欧洲市场，在欧洲各国享有盛名。

18世纪，中国景德镇工业文明传入欧洲，代尔夫特瓷工掌握了在瓷土中添加氧化铝与高岭土的奥秘所在，逐步制成1170度高温烧成的青花瓷，代尔夫特蓝陶开始步入新的境界。

自此，"代尔夫特蓝陶"从最初的完全模仿，开始形成自己的发展路径，将欧洲人喜爱的纹样和图案融入蓝陶中，发展出属于本国特色与本国风格的陶瓷。即便如此，这种蓝陶外观依旧非常中国，它清新自然，大量留白，蓝得并不厚重，很有韵味。

与中国青花瓷相比，"代尔夫特蓝陶"最大的优势在于：它的蓝色可以变幻出千万种不同的层次。画师可以在陶器纯白的底色上非常完美地表现出高光与阴影，实现空间与体积的塑造，再现油画的效果。

"代尔夫特蓝陶"的原料选用一种特殊的黏土，制陶工匠们将这种黏土用水搅拌后，注入事先设计和制造好的模具中。等到干燥和收缩后，就获得了最初的陶器形状。下一步，制陶工匠们对其进行打磨修理，使其表面光滑、均匀。之后，再上一层薄薄的釉底料，送入窑中进行初次烧制。烧制好的陶器出窑后，再交到画师手上。

画师们就在这些陶制的瓶、罐、盘、碟等器皿上描绘各种图案，这也是整个蓝陶制作过程中最为关键的一步。因为初次烧制后的陶器结构疏松，表面的孔状结构能在瞬间吸附颜料，一笔画错，便会成为废品。绘图完成后，工人再上一种透明的白釉，这层釉在烧制温度达到1200度的时候，融化为透明的玻璃层。这时，手绘图案才露出最后的容貌，最终成为一件件精美的蓝陶成品。

蓝陶生产基地

代尔夫特有很多陶瓷工坊。在路边随意入内,即便不买,也可以细细欣赏端详一番,甚至可以看到工坊主人是如何制作、如何在陶瓷上作画的。显然,这些工坊业主都既包容又友善。

除这些手工陶瓷工坊外,不得不提的就是著名的皇家代尔夫特蓝陶工厂(Royal Delft)。那些遍布世界各地、精致且昂贵的"代尔夫特蓝陶",大多出自这家工厂。

皇家代尔夫特蓝陶工厂始建于1653年,处于荷兰制陶业的巅峰时代。如今,皇家代尔夫特蓝陶工厂以其既符合现代美学,又彰显古典优雅的陶瓷和玻璃器皿闻名于世。该厂至今仍秉承多个世纪以来的古老传统进行手绘制作,这也正是他们的独到之处。虽然代尔夫特小城曾有32家陶瓷工厂,但至今保留下来的只有皇家代尔夫特蓝陶工厂一家。

该工厂的第二任主人,曾在蓝陶产品的标志中引入一个小瓶子的符号,直到今天,该工厂还保留着"陶瓷小瓶"的别称。

19世纪初,在与英国的韦奇伍德陶瓷以及欧洲其他陶瓷制造业的竞争中,荷兰制陶业曾受到重创。约1840

年，"陶瓷小瓶"已成为代尔夫特仅存的陶瓷厂。1876年，代尔夫特一位土生土长的工程师优斯特（Joost Thooft）接管了工厂，并决心重整旗鼓。他将自己名字的缩写"J"加入陶瓷制品的商标中，并留存至今。

1915年，代尔夫特蓝陶工厂向世界展示出它的第一件蓝陶画盘，之后圣诞画盘便成为代尔夫特蓝陶的一个传统陶制品。通常，圣诞画盘会做成直径25厘米、18厘米两种规格。每一年画盘上都将绘制上独特的图案。代尔夫特蓝陶一直受到荷兰皇室的青睐，1919年被荷兰皇室授予"皇家"称号。

经过数个世纪的发展，现在的皇家代尔夫特蓝陶工厂经营范围非常广泛，包括盘、杯、首饰、儿童用品、雕刻工艺品和圣诞

装饰品。经常有来自世界各地的陶瓷爱好者前往工厂进行参观游览和体验。

我有幸身临其境体验制作过程和工艺。工厂开放了一些制作车间,我们可以随意进入观看制作步骤,旁边会有工作人员耐心讲解。此外,我们还亲身参与一件代尔夫特蓝陶的手绘制作,这也成为此行最为珍贵与独特的经历。工厂附近还可以参观荷兰王室珍宝馆,在维米尔餐厅用餐。约翰内斯·维米尔(Johannes Vermeer)是一位出生在代尔夫特的画家,代表作品中那幅著名的《戴珍珠耳环的少女》就运用了代尔夫特蓝元素。

"代尔夫特蓝陶"的文化元素已运用到更多的跨界领域。如,1952年起,荷兰皇家航空公司部分航班的环宇商务舱中,乘客在飞行结束时会收到一份精美的礼物——代尔夫特蓝陶小屋。每个小屋都颇具历史价值,是当地真实房屋的微缩复制品。每年在荷航生日当天都会推出一座新的小屋。2019年,荷航已经迎来第100个限量小屋,给乘客带来难以忘怀的意义。又如2019年末,华伦天奴(Valentino)2020早秋时装系列,其设计灵感就来源于荷兰代尔夫特蓝陶,重现富有现代生命力的历史工艺,高调之中隐藏着深邃冷静。

荷兰代尔夫特是欧洲"景德镇",但代尔夫特蓝陶与景德镇青花瓷又有很多不同,这个荷兰小城的青花元素比景德镇应用得更为多元,传播范围也更加广泛,真是青出于蓝而胜于蓝。

影戏传奇

影戏传奇

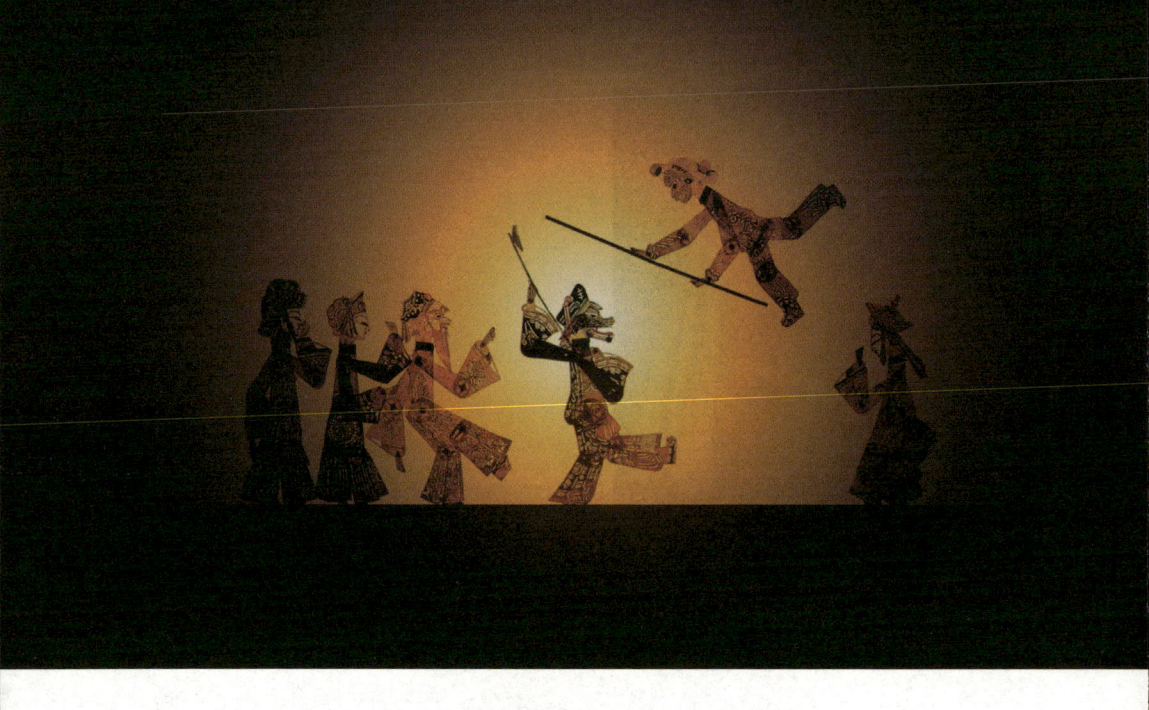

「一口道尽千古事,双手舞动百万兵。」

华山脚下，皮影之乡

那个83岁的老人又生气了：几个年轻人翻乱了他精心保存的词谱，翻乱了家中只有他能看懂的老词谱。他可是十几岁时就名震四方，能唱200多种完整剧目的皮影传承人。他带来的，可是那个时代中国人最重要的娱乐活动。在没有电的时代，皮影的光源是油灯。漆黑的农村夜晚，一点点灯光便足以让他营造一个奇幻的世界。

由巨大花岗岩构成的西岳华山，险峻陡峭，千百年来沉默地伫立在陕西八百里秦川大地上。华山脚下，一座小城在灯影中闪烁，这里是"中国皮影之乡"——华县。

皮影戏又称"影子戏"或"灯影戏"，是一种用兽皮或纸板做成人物剪影以表演故事的民间戏剧形态。表演时，艺人们在白色幕布后面，一边操纵影人，一边用当地流行的曲调讲述故事，同时配以打击乐器和弦乐，有浓厚的乡土气息。这种古老的民间传统艺术流行范围极为广泛，多见于北方农村以及四川、湖北、湖南等地，在长期流变中形成了不同的地方流派，如北京皮影、唐山皮影、山东皮影等，风格各具特色。

在中国所有皮影戏的流派中，华县皮影最为著名。研究证实，中国所有的戏曲种类，均起源于陕西秦腔，秦腔最初起源于皮影，而皮影又起源于华县。华县皮影历史悠久，工艺精良，其在国内外皮影史中的地位，几乎近似于秦始皇兵马俑在中外考古史中的地位。华县皮影有四绝：一是皮影雕刻作品造诣高。华县皮影一般由牛皮刻成，皮质优，雕工精细，造型逼真，堪称艺术精品。二是演员演唱功力极深。生旦净丑各种角色全由一人包唱，非绝顶深厚之演唱功底者不能为。三是表演者功力精湛。一个剧团一般仅有五人，除演唱和对白外，还有挑线以及二弦、板胡、月琴、碗、锣、鼓、镲、梆、唢呐、号等20多件乐器，每个人都要充当四个以上的角色，因此可以说个个都是身怀绝技。特别是挑线手，外地皮影挑线至少得两人，华县皮影则一人独挑，一人操作数十个乃至上百个皮影造型，游刃有余。有人这样形容华县皮影："一口道尽千古事，双手舞动百万兵。"华县皮影博大精深，综合艺术水平炉火纯青，堪称戏曲艺术之绝唱。

五个人就能演一台戏，这是让传统艺人无比自豪的创造。民间的老艺人们为了生存，就要把每个人的能力发挥到最大，把人数压到最低，以最小的投入产生出最大的经济效益。在传统戏班子里，"前声"负责演唱，"签手"负责表演，剩下的三个人每人负责二至五样乐器，用来配合前声和签手完成皮影演出，当地人把皮影叫作"五人忙"。

前声是剧团里的核心人物，作用相当于乐团的指挥，华县皮影传承人吕崇德在剧团中就扮演着这样的角色。他不仅负责打大鼓、弹月琴，还要同时负责所有的唱词和对白。更绝妙的是，在反映爱情故事

皮影人物为什么多用驴皮

皮影的原料多为驴皮。俗有北山驴皮明如镜之说。驴皮透明度好，薄且平整，雕刻起来也不"闯手"，且"站色""站线"性能较好，还防水、防腐、防蠹，所以各地皮影大都采用驴皮制作，故而皮影俗称"驴皮影"。用驴皮雕刻出来的影人透明润泽、质地上乘。

唐山皮影是选用上乘的驴皮精心雕刻而成。唐山北部山区毛驴很多，驴皮资源丰富。而且山区毛驴多食草，与粮食和其他饲料喂养的毛驴相比，皮质更白、透明度更强。

215

的戏剧中，男女主人公都由他一人扮演，他必须在瞬间完成角色心理和声带的转换。"男人唱女声，要故意把音带得高些，嗓门往小缩一下，后头再带点假音，就像女声了。"

出生于皮影世家的魏金全是华县皮影的重要传承人，也是一名经验老到的签手。从18岁开始，他的人生就和几根竹竿连在了一起。一根控制身躯的主杆，两根控制双手的手条，就是这简简单单的三根竹竿，却变幻出了众多的人物和缤纷的个性。这一切都归功于他灵巧的手指。"皮影的动作和位置是要配合台词进行互动的，做动作、换位置的时候反应必须要快，准确度要好，所以平常就要锻炼手指。"

代代相传的绝技让只有侧脸的皮影获得了饱满的生命力。人们称赞说："一张牛皮居然喜怒哀乐，半边人脸收尽忠奸贤恶。"

方寸之间，源远流长

皮影戏是中国最古老的戏剧形式之一，也是世界上最早的动画片。一张兽皮、一根丝线、一盏灯就可以演绎各种剧目，栩栩如生。据史书记载，皮影戏始于西汉，兴于唐朝，盛于清代，元代时期传至西亚和欧洲，从有文字记载，已经有2000多年的历史。可谓历史悠久，源远流长。

相传汉武帝爱妃李夫人染疾故去，武帝思念心切，神情恍惚，终日不理朝政。大臣李少翁一日出门，路遇孩童手拿布娃娃玩耍，影子倒映于地栩栩如生。李少翁心中一动，用棉帛裁成李夫人影像，涂上色彩，并在手脚处装上木杆。入夜围方帷、掌灯

烛，恭请皇帝端坐帐中观看。武帝看罢龙颜大悦，就此爱不释手。这个载入《汉书》的爱情故事，被认为是皮影戏的渊源。

皮影戏在初创之时主要是为帝王宫廷服务，唐朝以后就流传到民间，开始成为民间艺术。到了元代，蒙古军队中配有皮影班子随军，使这种戏剧艺术传到了中亚国家。清代是皮影戏的鼎盛时期，当时很多官第王府、豪门旺族、乡绅大户，都以请名师刻制影人、蓄置精工影箱、私养影班为荣。在民间乡村城镇，大大小小皮影戏班比比皆是，一乡一市有二三十个影班也不足为奇。

皮影道具小，演出方便，且不受场地限制。小车一推，背篓一背，随时可以流动演出。逢年过节、喜庆丰收、祈福拜神、嫁娶宴客、添丁祝寿，都少不了搭台唱影。连本戏（连续剧）要通宵达旦或连演十天半月不止，一个庙会可出现几个影班搭台对擂唱影，热闹非凡。

在演出时，艺人们都有操纵影人、乐器伴奏和道白配唱同时兼顾的本领。有的高手一人能同时操耍七八个影人。武打场面是紧锣密鼓，影人枪来剑往、上下翻腾，热闹非凡。而文场的音乐与唱腔却又是音韵缭绕、优美动听。或激昂或缠绵，有喜有悲，声情并茂，动人心弦。

孙悟空的原型——印度皮影

《西游记》里的孙悟空是中国皮影中的永恒角色。经多位学者研究发现，他的原型来自印度皮影。准确地说，这个印度孙悟空就是神猴哈奴曼，有四脸八手，长生不老，力大无比，也曾与大闹天宫的孙悟空一样，大闹无忧园。哈奴曼是印度两大史诗《罗摩衍那》《摩诃婆罗多》中的主要角色之一，代表着抵御危机的精神力量。关于他的故事随着当年的商船传播到了东南亚：在漫长的航海途中，水手们创造了皮影戏，把皮偶投影在船帆上，表演罗摩衍那的故事。因此，今日这门艺术还活跃在印度沿海和东南亚许多岛屿上。

皮影戏的题材十分丰富,包括历史演义、民间传说、武侠公案、爱情故事、神话寓言,等等。折子戏、单本戏和连本戏的剧目繁多,数不胜数。常见的传统剧目有《白蛇传》《西厢记》《牛郎织女》《杨家将》《岳飞传》《水浒传》《三国演义》《西游记》《封神榜》,等等。从革命战争年代起到新中国成立后,又新发展出了时装戏、现代戏和童话寓言剧,常见的剧目有《白毛女》《刘胡兰》《小二黑结婚》《林海雪原》《东郭先生》,等等,展现出历史和时代的烙印。爱情、人生、复仇、英雄、历史,浓缩在方寸幕布间。有人说,中国农民的传统观念大多源于这些戏曲故事的教诲。

农村中的戏场,影响不止古今中国,也滋养着世界各地的艺术发展。中国皮影戏所用的幕影演出原理,以及皮影戏的表演艺术手段,为近代电影的发明和现代电影美术片的发展作出了重要贡献。在西方世界，从 18 世纪的歌德到 20 世纪的卓别林等世界文化名人，都曾给予中国皮影戏艺术高度的评价。

雕工镌影，匠心独运

皮影之所以如此神奇，不仅源于前声和签手的绝活，还和这些道具里的奥妙相关。据魏金全介绍，皮影绝就绝在它的结构上："它的每一个关节都符合一定的力学原理。你即使随意地拿起一个皮影，也都是站有站相、坐有坐相，这个结构是相当好的。"皮影的制作非常复杂精细，基本上要经过制皮、雕刻、上彩三大工艺，二十四道工序，手工雕刻 3000 余刀而成。

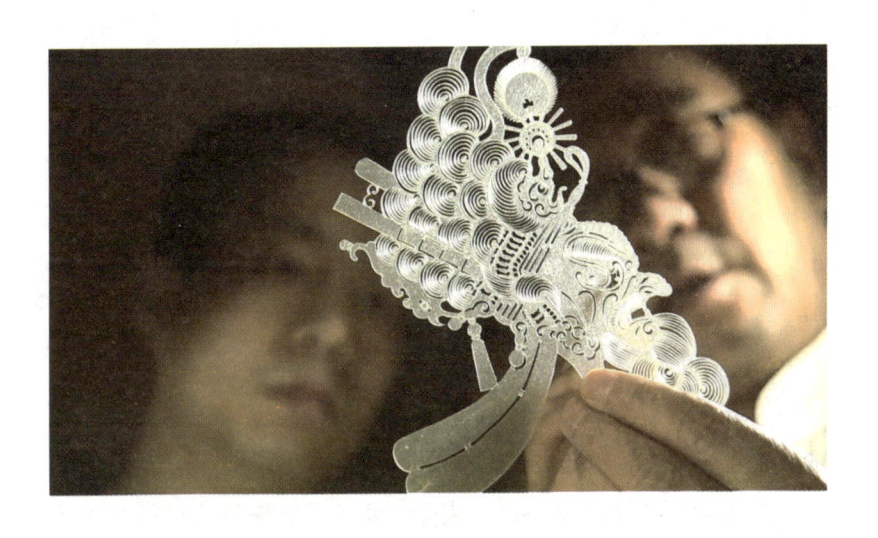

首先是选皮和制皮。先将羊皮、驴皮或其他兽皮的毛、血去净，然后经药物处理，使皮革变薄，呈半透明，涂上桐油，然后艺人们将各种人物的图谱描绘在上面，用各种型号的刀具刻凿后，再涂抹上颜色，上色时主要使用红、黄、青、绿、黑等五种纯色。

　　在复杂的二十四道工序中，最关键的是雕刻。王天稳从十几岁开始跟随师父学习皮影雕刻，如今成了国家级的皮影雕刻大师。"雕刻一个皮影人偶通常会用到30把以上的刀具。更为奇特的是，这种雕刻和我们平常所理解的雕刻完全不同——持刀的右手并不动，皮影的造型完全靠左手推动来完成，这叫皮走刀不走。转皮，你想怎么转就怎么转，要多么细就有多么细，功夫全在三个指头尖上。刻的时候还要学会运气，这样刻出来刀路才比较光滑。"

　　雕刻的形态是根据皮影戏剧情的需要来进行调整的。影人的造型小巧玲珑，高度通常为10—55厘米，体形夸张大胆，变形巧妙。人物造型与戏剧人物一样，生、旦、净、丑角色齐全。"公忠者雕以正貌，奸佞者刻以丑形。"在皮影的雕刻中不同的人物使用不同的刀法，以五官塑性格。比如眉毛，平眉表现文人雅士的清秀文静，立眉突现武生将帅的英武强悍。方面、大耳、宽肩、圆腰表现了男性正面角色的阳刚之美，弯弯眉、线线眼、樱桃口、细腰小脚表现的是旦角的妩媚温柔，实脸圆嘴则呈现出了丑角的诙谐和幽默。

影人的服饰、图案花纹也是皮影雕刻中非常讲究的一个重要环节。在大轮廓中以菊、兰、梅、竹装饰，配以雪花、鱼鳞、星眼、松针等图案，精巧细致，充分折射出了中国古代人们的审美。

雕刻之后的步骤是上色。皮影的染色工艺采用传统绘画工笔重彩的方法，用大红大绿作强烈对比，加上点染的浓淡变化，使色彩效果异常绚烂，给人很强的视觉冲击。

历经此番打磨雕琢，皮影带着五彩缤纷的色彩，灵动地出现在被鱼油打磨得透亮的白纱布后，绚丽了数代人的夜晚。近年来，由于现代视听媒介的普及，皮影戏演出的机会少了。皮影正在从曾经的娱乐为主、欣赏为辅向如今的欣赏为主、娱乐为辅缓慢过渡。由于皮影繁复的制作工艺和精致的视觉效果，其静态的艺术价值与收藏价值得到了凸显。中国皮影被世界各国的博物馆争相收藏，同时也是中国政府与其他国家领导人相互往来时的馈赠佳品。

走出幕布，革故鼎新

皮影虽逐步静止成工艺品，但皮影戏表演技术从未停止前

行。皮影戏要想延续两千年的生命力，成为活着的传统，革新是唯一的出路。这条路上，少不了困难阻隔。演皮影戏的操耍技巧和唱功，是决定皮影戏班水平高低的关键，这些都需要经师父口授心传和长期勤学苦练。60多岁的吕崇德演了一辈子的皮影戏，已经成为这个行业的翘楚，但他始终担心后继传承的问题。年轻人不仅不能欣赏这种古朴的唱腔，甚至连听懂都有些困难。他说："我担心的就是没有人学这个，因为这种艺术不好学。现在想想，老艺人真的是聪明到极点了，创造出五个人就能唱的一台戏，不容易啊。"

但也有像李子这样的年轻人，被皮影戏深深地吸引并且选择

走入这个行业。李子说:"很多人跟我说这行是挣不了大钱的。我说我没想它挣什么钱,它只要赔得不多,我就很满足了。"李子一直在遗憾自己入行太晚,所以倍加珍惜跟师父梁允茹的学习和排练机会。

梁允茹年轻时是舞蹈演员,后来才学了传统皮影,成为专业的皮影表演艺术家。她很赞同对皮影进行改革和创新,希望能用新的形式吸引年轻人观赏和参与。最新创作的现代皮影戏《喜舞迎春》就与传统皮影戏完全不同,它的创作灵感源于中国的一个现代芭蕾舞剧,表演者要操纵皮影跳起优美的芭蕾舞。

对唐山皮影剧团来说,创新与传统一点儿也不冲突。他们从20世纪50年代开始,就致力于现代皮影戏的创新,随着时代的推进,花样越来越多。剧团以团体表演的形式传承着皮影艺术,但与传统皮影戏不同的是，他们的表演不需要现场乐队，表演的人数也远远超过五位。每一个影人都要至少两个人共同操作，这就更讲究配合。剧团青年演员姚尧说道："我抬右臂他就伸左腿，他抬左臂我就伸右腿，动作必须协调。"在副团长赵卫东看来，想把皮影戏演好，不仅是动动胳膊腿这么简单："我们要赋予它生命，给它以思维，这些都是通过我们的双手去完成的。"

团长笪建光点明了全体人员的心声："除了剧目的创作之外，我们还不断地对皮影戏的光源和原材料进行革新。而且在表演形式上，我们也吸取了好多姊妹艺术，比如说融入了舞蹈和杂技的元素。但不管如何变化，万变不离其宗，我们永远是在演皮影。"

即便革新已成为今日中国的主题，但总有很多人自觉地维系着文化脉络的绵延。正如李子所说："皮影戏是我们民族最早的娱乐方式之一，它深入每一个人的骨髓里。它来自民间，终究还是要回归民间的。我不仅要当一个皮影演员，更要做一个皮影的推广者。"

中国皮影千年以来生生不息的奥秘，也许就藏在这种执着的信念和追求里。无论变革多么巨大，传统艺术的精髓仍然牢牢驻扎在人们的心灵中。

皮影技术走向现代游戏

皮影有着出色的表现效果，从光影、人物结构、动作方式上看，它仿若古代人的"手游"，以二维平面展示出趣味盎然的传统文化。面临影视、动漫、游戏等文化艺术的冲击，皮影开始了走向游戏的征程。2017年，五名大学生制作的游戏《轮回：失落之魂》结合了皮影戏的美术风格。2018年，网易携手皮影戏非遗传承人何银安共同打造了由《大话西游2》（免费版）资料片《斗转星移》改编的皮影戏纪录片，平台播放量均过万。这一创新点还受到了国外的关注。2019年，Steam在夏季大促中上线了一款游戏《皮影剑客剧场》（Shadow Fencer Theatre），在Indienova获得8.5分的高评分。随着越来越多的制作人和手艺人的联合开发，游戏作为一种特殊的媒介，将载着皮影艺术走向更广阔的未来。

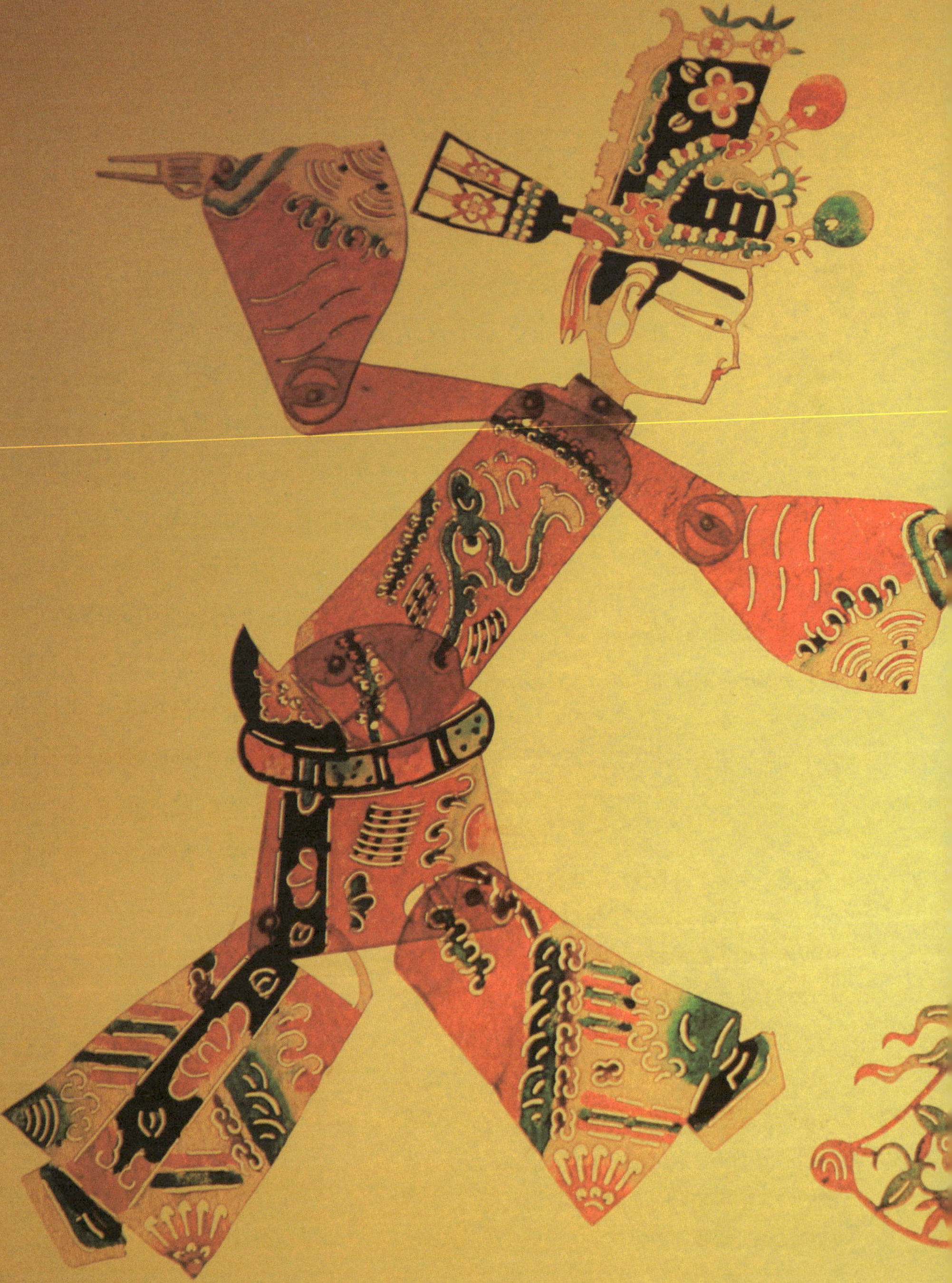

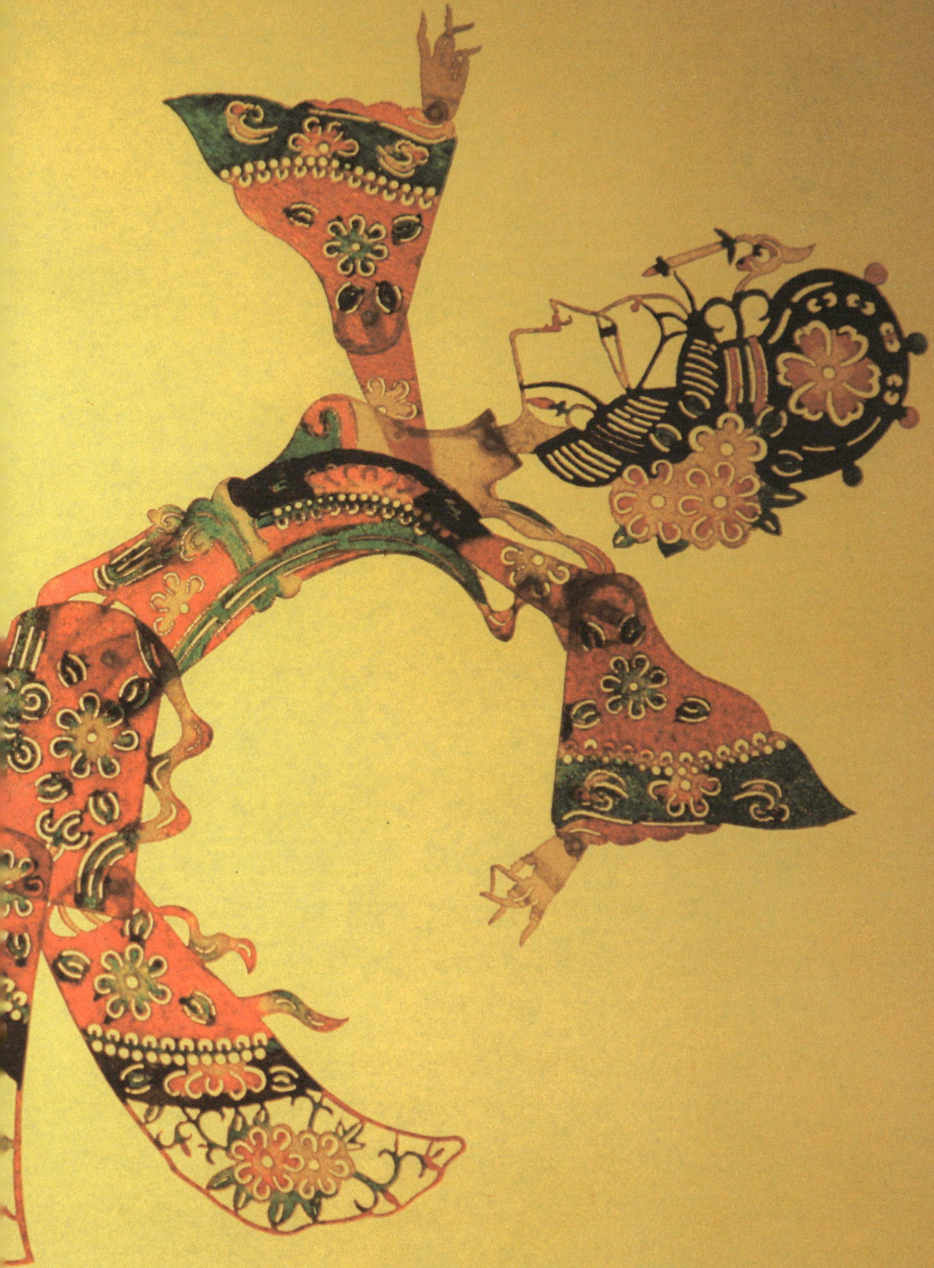

皮影，时光里的船

王浩斐　冰人创艺影戏馆创始人

皮影，传统民间艺术中的一颗明珠，被誉为最古老的荧幕艺术。这种利用光影来展现的傀儡艺术已传承千年岁月，正如一条行驶在时光中的大船，承载着过往的点点滴滴从岁月的河流中缓缓驶来。如今它正缓缓靠岸，而靠岸后能否继续满载前行，需要岸上的我们来做决定。

回忆我与皮影艺术的第一次接触，是在大学的时候。在定格动画创作时，机缘巧合，我接触到皮影这门独特的民间艺术。最初，我只是将皮影作为动画素材来看待。随着创作的深入，皮影的趣味性和魅力越发让我着迷。我尝试了解皮影这门传统民间艺术，也渐渐开始真正学习和理解这门艺术。

倥偬十年，我从一个懵懂的门外汉，成了一个以皮影为事业的创业者，想来也确实奇妙。既已下决心将其作为事业，便不能仅凭着一腔热血盲目开展，也不能仅图一时爽快无脑闯荡。在创业路上不断寻求切合实际的皮影艺术发展道路，才能真正将事业和兴趣结合并做好。特别是，符合时代需求和时代特征的发展之路亟待探索，这也将是皮影艺术破局的关键所在。

近几年的实践中，我感悟到，传承和创新并不是相互对立的。以皮影艺术为例，它的起源与发展，均跟随历史文化的更迭而不断发展变化。很多艺术形式，在历史的长河里成为过眼云烟。然而，当前我们仍旧能够看到皮影艺术，正是因为传统皮影艺人在表演过程中不断创新和发展，适应历史时代的要求，才给予这门古老艺术强大的生命力。

因此，谈及皮影艺术乃至所有的中华传统文化，"创新"便是最好的"传承"。创新不是将传统全然抛弃，也不是将传统推倒重来，而是让其跟随着时代的变化而变化，跟随时代的发展而发展。可以说，创新既是因势所趋，也是因时所需。

皮影艺术的"创新"真正实施起来却并不简单。如何在保存、传承与发挥传统皮影艺术原汁原味特征的前提下，将时代特征完美融合进来，并充分结合当前人们审美需求的变化，让皮影艺术真正走入百姓家，才是皮影真正的"传承与创新"，是皮影真正的生命。

要想创新，必须得真正理解皮影艺术的内涵。

谈及皮影艺术，大多数人的第一反应往往是"皮影戏"。这不难理解。因为，皮影艺术作为一种民间戏剧，依托戏曲戏剧的形式流传了千年。但，皮影戏是有别于其他类别的民间戏剧的，其具有唱曲剧式，却依托傀儡和影子来完成演绎，因此它既是一类"傀儡戏"，又是一种"影子戏"。

所谓"傀儡"，是指被人操纵的人偶。皮影戏中所用的傀儡，指的是以兽皮或纸板雕刻、绘制、连缀而成的皮影人，傀儡戏艺人采用人偶来表演戏剧，展现在观众面前的"演员"是傀儡，而非往常戏剧中的真人形式。这是一种奇特的转化，也造就了傀儡戏这一艺术形式的非凡特点。表演皮影戏时，主要人物并不直接

展示在观众面前，而是隔着白布，透过灯光产生影子来进行表演。

上述傀儡戏和影子戏的组合，让皮影戏具有其他民间戏剧所不具有的特殊表演形式和观赏感受，也让皮影戏成为一种深受观众喜爱的流行戏剧。街头巷尾、田埂坝头，只要夜幕降临，点亮灯光、敲响锣鼓，在光和影的协作下，皮影艺人演绎的一场场好戏就在夜幕中登场。

在四周黑暗的环境里，皮影戏观众的注意力集中在那一方亮堂的影幕上，影窗之上的一举一动，影窗背后的一唱一和，都牵动着观众的心弦。在电子屏幕出现以前，这是一种十分单纯和简单的"观影"娱乐。人们通过看皮影戏获得身心的愉悦，享受闲暇的快乐。这是皮影戏最为基础的娱乐功能。

然而，若以为皮影戏仅仅是一种消遣娱乐的形式，未免小看了这门传承千年的民间艺术。有不少学者认为，皮影艺术可能起源于敬祭鬼神。这种利用灯影效果的奇特表演形式，再加之用兽皮制作的人偶似有"血肉之躯"，或许在宗教崇拜的古代，能够表达人们对鬼神的敬畏，成为敬祭鬼神的一种途径。

除上述两个功能外，皮影戏在无形中还承担着另一种特殊的功能和作用，那就是"教化"。所谓"教化"，指的便是通过教授展示，使人模仿学习，进而产生变化。孙楷第所著的《傀儡戏考源》显示，皮影戏始起于唐朝或稍晚的五代时期（公元七八世纪），当时佛教盛行，寺院中的俗讲僧通过皮影进行经文诵讲，让民众更容易理解晦涩的佛家经典。如今，这种形式在泰国等东南亚国家仍旧存在和流行着。

之所以说皮影艺术具有教化作用，主要是因为传统皮影戏表演中演绎的故事，蕴含着很多教化意味的内容。此外，皮影艺术颇具体验感、带入感的特殊呈现方式，让观众更容易产生与戏中角色相同的经验感受。如在皮影戏的演绎过程中，一出讲述善恶相报的通俗故事，便潜移默化地教导观众与人向善、莫做坏事之观点；一出讲述王侯将相的故事，便让观众了解忠君爱国、报效国家之理念。皮影戏利用戏曲、戏剧形式进行教化，能够让观众们了解人伦道德、行事规范以及国家治理思路等，是一种既普遍又实用的教化方式。

总而言之，作为一种传统的民间戏剧，皮影艺术依托于"皮影戏"的形式，所展现的娱乐、祭祀与教化

等功能，满足了古代人们的精神需求。这不仅造就了皮影艺术本身，也造就了它传承千年的艺术根基与底蕴。如今，皮影艺术本身所具有的功能并未发生改变，但随着时代发展、审美改变和其他艺术形式的崛起，更多的替代品和竞争品出现，皮影艺术失去了以往的活力与荣耀。

在这样的情况下，若采用传统条框来看待皮影艺术，其生存势必会变得更加艰难。因此，用新角度、新方式来重新审视皮影艺术，并结合时代需求做出改变，才有可能改变这门古老民间艺术的现状，才有可能让观众重新接受并喜欢。

由于拍摄定格动画，我最初是以皮影表演中的影人角度切入皮影艺术的，这让我跳出了皮影戏的传统思维模式。它也让我从一开始便意识到，皮影艺术并不限于动态展示故事，那些精心制作的影人同样魅力非凡。

从皮影艺术所展示的艺术特性来看，它是工艺美术和民间戏剧两者的结合体。一个精心设计、绘制、雕刻而成的精美皮影影人，无论怎么说都可称得上是一件工艺美术作品，而利用这些影人所编排的戏剧故事和戏剧表演，便构成皮影艺术的传统展现形式。

通过现代的眼光和思维，将皮影艺术所包含和展现的内容进行具体的拆分，便不难发现，皮影艺术其实是一种集设计、绘画、匠作、剧作、表演、音乐等多种形式于一体的艺术综合体，这让皮影艺术既有良好的文化属性，更成为一种文化载体。而通过光影进行的傀儡表演，又具有十分有趣的交互性和体验感，可以说是一种非常好的艺术体验形式。当前，若是采用这种思路将皮影艺术的表现方法和呈现形式进行创新，前述元素将成为皮影艺术能够被人们真正喜爱的关键因素。

谈到此处，我回想起第一次体验皮影的工作坊活动。那是一场临时组织的活动，尚未有任何既往经验与模式可供参考。起初，只因有一位老师的朋友知道学校里有皮影动画工作室，便邀约几位感兴趣的家长，邀请我们为孩子们做一场皮影文化的体验活动。当时，我们也没有精彩的表演技法或影戏剧目，只是引导参与者们一起尝试设计制作一个简易的影人，再通过影人来协力完成一出皮影故事的编排和表演。如今想来，当时的活动既粗糙又十分简陋。但那时，我第一次看到了皮影给孩子们带来的快乐，那是一种全心投入的体验感和交互感。

这让我意识到，皮影艺术在当前时代中转型发展的必要性，以及跳脱出民间戏剧的可能性。这次工作坊的尝试，将皮影艺术内涵的特殊魅力一一展现，带给我有别于传统皮影艺术"皮影戏"的特殊感受。体验感的营造，皮影创作过程中影人的设计、绘制、制作以及皮影编排所具有的剧作、表演等内容，共同构成了一次参与感和主动性极强的特殊体验。

那次工作坊活动后，我重新认识了皮影艺术。在我的眼中，它不再是一个动画创作的素材，也不再仅仅是一个古老的民间戏剧。在当前，皮影艺术通过拆解展现出新的元素和内容，通过形式变化、跨界整合，以有别于以往的姿态展现在观众面前。

我曾不止一次看到孩子们沉浸于玩皮影的乐趣中，这种充分发挥想象力的扮演式游戏，彻底解放了他们"爱表演"的天性，让他们沉浸在那一方白色影布后，创作着天马行空的故事。与此同时，皮影艺术本身包含有设计、绘画、剧作、戏剧等多种具有教

育属性的内容，配合着皮影艺术的特有展现形式，可以让其成为一个很好的教育载体，进而成为一种寓教于乐的教育工具。在教育需求多元化的当前，皮影艺术可以重新"潮起来"。

在我看来，依托于皮影艺术本身的特点，结合时代的发展，重新让皮影艺术被当前的人们喜爱，就是这门民间艺术真正的"传承之道"。

我从事皮影相关工作已有十年。如果说皮影艺术是条大船，我竟有一种"本是岸上观景客，回首已随船远行"的感觉。而最早从事皮影的"初心"，也慢慢变成想将皮影重新推到众人眼前的"野心"。

但如何将皮影真正传承下去，又如何去"创新"，并没有什么标准答案。路只有走了才知曲折或坦荡，事情也只有做了才知是否可行。皮影这条从岁月的时光中开来的大船，如今正靠岸于这个新时代，它带来了往日的文化印记，也带来往日的峥嵘岁月。希望这条大船在新的更加开放多元的时代里，吸引更多的人参与，结合时代精神，赋予其时代生命，继续远航。

图书在版编目（CIP）数据

这里是中国．Ⅱ / 何渊，朱新梅，赵宁主编．－－北京：中国广播影视出版社，2021.1（2023.8重印）
ISBN 978-7-5043-8534-5

Ⅰ．①这… Ⅱ．①何… ②朱… ③赵… Ⅲ．①中华文化－概况 Ⅳ．① K203

中国版本图书馆 CIP 数据核字（2020）第 230632 号

这里是中国 Ⅱ

何渊　朱新梅　赵宁　主　编

策划编辑　房　远
责任编辑　房　远
责任校对　张　哲
装帧设计　嘉信一丁

出版发行　中国广播影视出版社
电　　话　010-86093580　010-86093583
社　　址　北京市西城区真武庙二条 9 号
邮　　编　100045
网　　址　www.crtp.com.cn
电子信箱　crtp8@sina.com
出版发行　人民出版社
电　　话　010-84046650　010-84095121

经　　销　全国各地新华书店
印　　刷　北京一鑫印务有限责任公司
开　　本　889 毫米 ×1194 毫米　1/24
字　　数　160(千) 字
印　　张　10.25
版　　次　2021 年 1 月第 1 版　2023 年 8 月第 2 次印刷
书　　号　ISBN 978-7-5043-8534-5
定　　价　79.00 元

（版权所有　翻印必究・印装有误　负责调换）